みんなのしいたけ．相談室

朝日新聞出版

カバーイラスト・あーちん

はじめに

こんにちは、しいたけ.です。今回ＡＥＲＡさんより『みんなのしいたけ.相談室』を出すことになりました。２０１９年の４月から連載してきたものを一冊にまとめたものです。

毎週、相談者の方の質問に向き合いながら、「人生相談は不思議だ」とすごく思ってしまうのです。少しだけおかしな話をさせてください。これは僕の中での勝手な関心事なのですが「ハンバーグの脇にいるニンジンはどうしても食べなければいけないのですか？」という相談と、「学校で友達ができません。どうしたら良いですか」という相談があったとして、実はその内容ってあんまり変わらなかったりするのです。

どうしてかというと、人は何かに適合するために生きようとするからです。ハンバーグに添えられているニンジンは栄養のために食べた方がいいと推奨されるし、そのニンジンをはねのけると「この子はどこかでバランスを欠いた人になっていくんじゃないか」と心配されてしまいます。そして、学校で友達がなかなかできない不安や心配を抱えたことがある人は多いですし、10代に入る前から「友達なんていらない」なんて言える人は、よっぽど腹が据わっている人です。でも、それ以外の多くの人たちは、友達と合わせられる話や、笑わせるネタを得ようと、ひとりで頑張って動画を見る時間を作ったりする。ニンジンの話ばっかりして本当、ニンジンには申し訳ないのですが（ここまでで大分ニンジンを傷つけました）、「ニンジンを食べる」「友達を作る」。それはもしかしたら「本当の願い」というよりは「それができないとおかしいと思われるから」という理由の方が大きいんじゃないか。

はじめに

自分が「できるようにならなければいけない」と考えている理想や願いがあって、それがなかなかできなくて悩んでいるとするならば、「周りに適合するため」の悩みかもしれないのです。僕自身もそうですし、そういう「出会い」があった人も多いと思うのですが、「変なのを許してくれる人や場所」ってあったりするじゃないですか。「お、あなた友達いないのか。私もだよ」とか「私はほら、究極のガーリックシュリンプを見つけるために生きているからさ」とか。変な人や変な場所に出会っていくと、「適合はほどほどで良いかもしれないな」と思うことを許してもらえる。僕は仕事の一つで人生相談をやらせてもらっていますが、その仕事を通して「誰にでもある、その人の変な部分」に出会えるのを嬉しく思ってしまうので、「その人を正しい方向に導く」とかは一切できないし、また、関心がありません。

もうひとつ話をさせてください。

僕は、「悩み事」というのは、１００％ネガティブなものではないものだと考えていますたとえばなんですけど、「どうやったら世界は平和になるのか。そのために自分に何ができるのか」を真剣に1千回考えたことがある人って、その悩みが「その人が大人になる道」に対して大きな影響力を与えるようになります。

「すぐには解決できない。でも、何回も何回も自分だけの悩みに付き合っていくと、自分自身の考え方、行動、そして、人や物への接し方が自分独自のものになっていく」

すごく大げさに言うと、「その人が持っている悩み」というのは、その人がその人になるために必要な骨組みになっていくかもしれないものです。「悩み」というのは、別名、その人が持っているこだわりであり、面倒くささであり、美学でもあります。「あー、このままの形で出せちゃうかもしれないけど、私はこういう仕事は嫌なわけよ」という人がいるわけだし、「もうこれで仕事おしまい！　だって、私は週に1回ひとりであのお店に晩酌しにいくために生きている」という人もいる。そういう人たちが持っている悩みは「自分の信念に忠実で、ついつい無理をしてしまう」とか「協調性がなく、ひとりの晩酌を優先してしまう」というものになってくる。

でも、「その人から取っちゃいけない悩み」って、あるんじゃないか。直そうと思えば直せるけど、その人から魅力的な悩みを取ってしまったら、その人が持っていた輝きもなくなってしまう。その人を嫌う人がいるからこそ、その人は自分にしかない面白さを世に放っていることは本当にたくさんあるわけです。

悩みや、解決できない問題が、いつか自分のために開花してくれることがある。僕の「しいたけ.」という名前の由来なのですが、本名ではありません。下の名前はたけしでもありません。どうしても野菜のしいたけが食べられなくて、ある時期、しいたけを好きになろうと思ってつけたニックネームなのです。この話をすると必ず「もう食べられるようになったんですか？」と聞かれます。はい、全然食べられません。なので、僕は基本的にしいたけに対する罪悪感を抱えて生きています。しいたけはおいしいのに。何も悪くないのに。そういう意味で、僕は「日の当たらない場所にいるキノコみたいな存在」に対して、格別の思い入れがあります。

悩みだけを見ずに、悩みの背景にある「誇り」をちゃんと見てあげることも必要なんじゃないか。「私には何もない」という人は、自分に向けられてきた報酬を、ついうっかり全部誰かに譲ってきてしまったおっちょこちょいな人なんじゃないか。自分が今手にしているものだけを誇るのではなくて、自分が失ってきたものも、実は誇ってもいいものなのかもしれないのです。

これまでいっぱい悩んできた。これまでたくさん考えてきた。得てきたものよりも、失ってきたものの方が多いかもしれない。そう考えてしまう人にも、あえて言わせてください。あなたはそれで素晴らしいのだと。あなたによって救われた人もいるのだと。得てきたものだけで自分を見るんじゃなくて、涙ながらに失ってきたもの、手に入らなかったものがあったとしたら、それは「チャレンジしてきた」という意味で、誇って良いものだから。何もしない映画よりも、その時点ではハッピーエンドにはならないけど、「何かを試みてきた」主人公が登場する映画の方がよっぽど素敵なわけだから。ハッピーエンドのための続編をしぶとく作っていきましょう。

前書きがめちゃくちゃ長くなってしまったのですが、もしよければ、「この悩みわかるわー」なんて言いつつ、本書を読んで頂けたら幸いです。

しいたけ.

もくじ

contents

嫌な相手には
ニックネームをつけて
キャラとして接しましょう

ROOM 1

Q

4月の人事異動で、仕事のできない上司が異動してきます。バブル世代でエネルギーがあり余っているパワハラ体質の女性。価値観も違い、共感も尊敬もできません。こんな人が自分より給料をもらっているかと思うと、困ったときに助けてあげようという気にもなれない。チームとして仕事をやっていける気がしません。

（女性／会社員／41歳／ふたご座）

嫌な相手にはニックネームをつけてキャラとして接しましょう

パワハラ上司について。僕も昔、バブル世代の人と戦おうとしたことがありました。でもそもそもスタミナが違います。3ラウンドで僕が力尽きるとすると、彼らは90ラウンドぐらいこなす。だから勝てないです。

僕はこの世代の方に「不死鳥」ってニックネームをつけてるんです。理不尽も含めて、戦って身につけてきたタフさが全然違う。すごいんです。

それでまず言いたいのが、この人を恨んじゃいけないってこと。やっぱり世代によっての性質っていうのがあって、バブルって、パワフルじゃないと人が生きていけなかった時代だと思うのです。

この相談者さんが苦しいのはきっと、品のなさを求められているから。人をおしのけてまで勝つという品のなさ。ふたご座って、結構戦っちゃうところがあって、「前言ったこと矛盾してますよね」って相手の隙を見つけるのが得意。

いいところでもあるんだけど、不死鳥と同じ土俵で戦う必要はありません。こういう人には「使えねー」と思われるぐらいでいい。ただ、不死鳥たちにとっては戦いがコミュニケーション。たまに勇気を出してぶつかることも必要です。

力がある人って、目の前にいる人を否定してくることがあります。「そんなだからあなたはあの案件を取り逃した。私だったらもっとできた」と。相手を否定することで、自分がやってきたことは正しいと叫びたい。

嫌いな人を見るときに気をつけてほしいことがあります。それは自罰的にならないこと。自分がやったことを都合よく忘れたり、電車のなかで大きく足を広げたりしてる人がいるとします。

明らかにその人が悪いというケースでも、自分が弱っていると、「私も横暴になったほうがいいのかな」とか「私は人がよすぎてルールを守ってきたから損してるのかな」って自分を責めがち。自分の生き方を否定しないようにしてください。

新入社員の方たちも、上司が怖いと思ったら不安でたまらないと思います。そんなとき、苦手な人にニックネームつけるの、おすすめします。キャラとして接する。「またなんかあの不死鳥騒いでるよ。キャラだからしょうがないか」って。自分の精神的余裕を2%でも保てると、相手と距離が取れて、状況は変わります。

Q

最近どこに行っても自分がいちばん年上になってしまいました。同じ世代で働いている人がそもそも少なく、プライベートで遊べる仕事仲間や同じような境遇でなんでも話せて、という人がいなくなってしまった。新しい友達ができず、昔からの仲間だけ。寂しいです。

（女性／フリーランス／58歳／おとめ座）

余計なお節介を焼いているほうが健康的。どうぞしゃしゃり出てください

僕はこの方の「どこに行っても年上になってしまいました」という言い回しに、ユーモアセンスと余裕を感じます。初めに思ったことを書くと、年齢は関係なく、「寂しさ」を感じたときには新しい世界に体験入学するサインだと思っています。初心者も参加できる教室なんて宝の山で、「え、これわからない」と感じたことを、誰かに教えてもらえるって、年を重ねれば重ねるほど、貴重な体験になる。生徒役になる喜びをぜひ味わってみてください。

そして、少し星座の話をしますが、このお悩みは、「ザ・おとめ座」という印象を受けました。おとめ座ってどういう星座かというと、「ありがとう」が主食の人たちです。人から言われる「ありがとう」を大事な栄養分として受け取れる。感情と感情が触れ合う世界というか、江戸時代の長屋に住んでいる人たちみたいなところがあって。自分が忙しくても、疲れていても、困っている人を助けているほうが健康に過ごせる人たちなんです。

だから、すごくおいしい店なのに店員さんに感情がこもっていないとか、給料が高いんだけど感謝されない仕事とか、そういうのが続くとだんだん居場所をなくしてしまう。

そういう時に人から何かしてもらってもあまり効果がないんです。リゾートに行ってのんびりしてください、と言っても響かなくて。だから、前半部分でお答えした「生徒役になる」以外に、なにか「してあげる」対象が必要。「しょうがないわね、いつも」って文句を言いながら、「じゃあおにぎり握ってあげようか？　梅でいいの？　おかかがいいの？」って世話を焼いてるほうがいいんです。

特に東京はエネルギッシュで時間の流れが速い街です。自分に相談してくれる相手がいても、すぐに次にいっちゃう。そこに寂しさもあるような気がします。

そういうときは時間の流れが違うところに行ってみるのもオススメです。お正月に浅草とか門前仲町に行ったら満たされました。若いときはその魅力がわからなかったけど。

そして、ぜひ生活の中のどこかで「余計なお節介屋さん」をやってみてください。

子どもたちにご飯を作るボランティアとか、いいんじゃないでしょうか。「ふるまう」時間があると元気になれます。相談者の方も本当はふるまいたいんだけど、おそらくいまの環境や年齢から「私がしゃしゃり出ていいのかしら」と思ってしまっているのでは。

だからアドバイスは、「どうぞしゃしゃり出てください」（笑）。そのおにぎり、食べたがっている人はたくさんいると思いますよ。

Q

声が大きい人、口のうまい人が苦手です。どこのコミュニティーに行っても、弁が立つ人の意見が通るのは当然だとわかっていますが、「論破」「説得」した人がそんなに偉いのでしょうか。ネットでのケンカでも、就活や転職活動でも。自分にないスキルなのに、リスペクトすることができません。

（女性／フリーランス／38歳／みずがめ座）

論破は大人に対抗するための武器。「まだ中学生をされてるんですね」と寛容に

まず、こういう人は、中学生だと思ってほしいんです。「論破する」「嫌みを言う」スキルは、中学生が大人に対抗するために持つ最初の武器。早い人は小学生かもしれません。

学校の先生でも親でも、周りの大人に子どもが言われることって、「いいから黙ってやれ」じゃないですか。それに対して「それは法律で決まってるんですか」とか「誰が決めたんですか」とか言うようになる。

で、こういう人に出会ったときには「あ、まだ中学生をされてるんですね」と思いましょう。ばかにするわけじゃなくて、それが必要な時期ってあるんですね。中学生ぐらいのお子さんを持つ親御さんって、きっとお子さんが悪魔に見えるときがあると思います。「パパの給料、安いよね」っていちばん言われたくないことを言われたりして。

もちろん、ムカついていいと思います、そ

れは。受け止める必要もない。そして「大きくなったなぁ」って眺めましょう。

　鳥が羽をバタバタさせて飛ぼうとしている様子をイメージしてください。巣立ちのために親をぶん殴ることも時には彼らに必要です。

　ツイッターやSNSでも、誰かを攻撃している人って、羽ばたこうとしてるんだと思います。だから「頑張ってください。こちらはもう中学卒業しましたよ」って心の中で思っておけばいいんです。

　すでに羽ばたく力を持っているのにぐるぐるパトロールして誰かに無差別にケチをつけている人は、飛び方を間違ってしまったんですね。先ほどから嫌みっぽい回答でごめんなさい。でも、いますよね。とにかくリングに乱入したくて、機会をうかがってる人。

　これは想像ですが、この相談者の方の「苦手な人」って、この方が本当は論破したいと思っている相手なんじゃないのかな。みずがめ座は本来、中学生の代表みたいな星座で、理屈が好きな人たちでもあるんです。だからこそ、フェアじゃない議論が許せないっていう面もあります。

　みずがめ座は生活の中で議論が必要で、ちゃんと話し合いたいっていう気持ちがある。そんなみずがめ座にとっては、今は受難の時代かもしれません。今、みんなあんまり面と向かっての議論って、したがらないから。

　でもそういうのが好きな人同士で、とことん話し合う会を作ったほうがいいですよ。議題としてはランキングを決めるのがおすすめです。都内でミーティングに向いているカフェベスト10とか。いかがでしょう。

Q

上司への対応に悩んでいます。途中経過を報告しないと怒るくせに、折々で報告すると「私に聞かないとできない？」。結果がダメではないのに、「○○さんではらちが明かない」と言って、途中で船頭を増やす。相談すると、返ってくるのはアドバイスではなく「評価」。本人は能力も意識も高いのですが、諦めるしかないのでしょうか。

（女性／会社員／38歳／てんびん座）

サイコパス的な上司は、殿様コント作戦でヨイショしつつ、距離を取る

「この人のことを通常の人間関係の礼節で接したら危険だぞ」という人はいます。僕の感触だと、10段階中、危険度レベル8ぐらいまでいってる感じがしますね。共感能力が欠如していて、どういう尽くし方をしても評価してくれない。それが10回中10回だったら、自分の身を守る対応をしないといけないと思います。あと、シンプルに相性の問題として、その人に嫌われていると何をやっても難癖をつけられたりしますよね。

仕事の場合は、違う上司に相談するとか、こんな対応されたという証拠を残しておいたほうがいい。サイコパス的な方は、何かあったときに全部他人のせいにして、成果だけ獲っていく。だから出世もするし、こういう人が社会の上の立場にいることは多いです。

正面からぶつかっちゃいけない相手だけど、その人にしかない唯一無二のセンスを持っているとか、関係を断てない場合もありますよね。そういうときは心の中で「かわいそうに」って相手を哀れみながら、能力だけ使えばいい。この人が必要とされる局面もある、この人を必要としている人もいる、と自分の中でちゃんとすみ分けをしておくというか。そうしないと、パワーが強い人たちなので、こちらが乱されてしまいます。

てんびん座って、日本社会的な「上司が黒と言ったら黒」みたいなことに心の中でちゃんと舌打ちしている人たちです。「それおかしくないスか?」って表情とか雰囲気に出ちゃう。自分自身はすごく努力して、誰にも口出しされないポジションを作っていくんだけど、ヨイショとかできないので、気にくわない人も中にはいます。

生きていくためには、困ったときは多少ヨイショしたほうがいいです。ご飯をおごってもらったら、1・2倍ぐらいのオーバーリアクションで「おいしいっスね!」って。

相手と殿様コントをしてると思えばいいんです。「殿、こういうのやってみたんですけどどうですか? あら、お気に召しませんでしたか」って。強力な力を持っている人を敵に回したくないときに、この作戦は有効です。

最後に、これまで挙げてきた作戦が通じない強敵も世の中にはたくさんいます。しんどさを感じたら、第三者に必ず相談してください。「私は迷惑を掛けてる」と思ってきたら、医療機関も含めて相談するサインです。しんどさを自分の能力とか社交性のせいだけにしないこと。だって、この先も何かおいしいものを食べたり、綺麗な景色を見ていく義務があるわけだから。そんなやつのためにそれを中止されたらダメです。

Q

電話が嫌いです。店の電話が鳴るたびに、びくっとしてしまいます。対面での接客はいいのですが、電話は相手の顔が見えないし、声が小さくて聞こえにくいときがあったりもするので、なんだか緊張してしまいます。どうしたら克服できますか。

（男性／接客業／26歳／しし座）

電話＝予想外のサプライズ。脳内でファンファーレに変換して戦闘態勢に

いやぁ、実は僕も電話が本当に苦手でして。あれ、ひとつ電話にお願いしたいのが、必ず留守電は残してほしい。そしたら「あ、○○さんか」とかわかって、勇気を出してかけ直すから。

それで、電話っていきなり自分のプライベートに侵入される感じなんです。メールはワンクッションありますよね。メールを開くか開かないか、いったん自分のコントロール下に置ける。だからＯＫなんです。「読んでやるか」みたいな感じで開けるから。でも電話は「はい、取って！」っていきなり近い距離に入ってくる。それが苦手ですね。

これにはファンファーレ作戦というのがあります。

先日、漫画家の海野つなみ先生とお会いする機会があって、「やる気がないときどうするか問題」を話したんですね。僕の場合は「笑っていいとも！」のＢＧＭを脳内で流す。

店の電話が嫌いです

♪お昼休みはウキウキウォッチング、って脱力した状態のタモリさんが出てくる、あれ。そうすると、あのマイペースさでいろいろできる気がしてくる。海野先生の場合はそれがNHK大河ドラマ「いだてん」で最初にかかるファンファーレなんですって。

電話が鳴ったら脳内ファンファーレで対抗するのはどうでしょうか。ファンファーレが鳴ると、スイッチが入って別人格になれるんです。僕の場合はタモリさん。で、仕事で喋らないといけないときとかも、なんとかこなせてます。

電話が苦手な人って、プライベートでだらしない格好でコンビニにいるときに知り合いに会ったりすると、心臓の動悸がすごいんです。会社の同僚を休日に発見しても、絶対話しかけないで逃げる。戦闘態勢じゃないときに予想外のものが来ると、怯えちゃうんですね。電話も戦闘態勢にならないと取れないものです。

特にしし座は、準備を整えたい人たちです。アポなしで来られるのが嫌。あの人が来るならこのお店にしようかなとか、あの人はこのお菓子が好きだから買っておこう、って考える育ちの良さみたいなものを備えていて。だから急に訪ねてこられると「ごめんなさい。準備が整っていません」ってなる。TPOもすごく意識します。

ご飯を食べに行くとき、「どこ行くの?」って聞く人も多いですよね。近所の焼き肉屋ならにおいがついてもいい服で行くし、イタリアンならこれ着ようとかある。

しし座もそういう気質が強くて、サプライズに怯えている面があるかもしれません。

Q

旅先でお土産を買うのが苦手です。いろんな人の顔を思い浮かべて、結局何も買えなくなります。この前も京都に行ったのに、何も買わずに帰ってきました。うちの母親は、昔から「お土産はいらないからとにかくあなたが楽しんで」という人でした。その教えに感謝してきましたが、社会人なのにいいでしょうか。

（女性／会社員／54歳／おとめ座）

せっかくの旅が恐怖になっちゃう。きっぱり捨てる、あきらめるのも手です

同じようにお土産問題に悩まれる方も多いでしょうか。観光地のお土産は特にハードルが高いですよね。京都に行って八つ橋を買ってくることが、正解なのか不正解なのかわからない。みんな食べたことあるだろうし。

Ａｍａｚｏｎと楽天の出現によってすべてが変わったと思うんです。それらがまったくなかった時代って、ハワイのマカダミアナッツのありがたさって今と全然違ったと思うんですよね。今は流通網が進化して、欲しいものがあれば自分で注文できてしまう。

さらに、これはいかにも日本っぽいお悩みだなって思います。欧米だったらこういう悩みはなさそう。みんなに等しく与えられた権利として「休み」があるわけだから、プライベートでどこに旅行に行こうが関係ないし、お土産を買ってこようがこまいが関係ない。

一方で日本的な宗教観の一つに「おかげさま文化」っていうのがあります。誰かが自分の

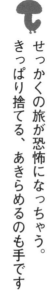

お土産買わなくてもいいですか

仕事をカバーしてくれるから旅行に行ける、みなさんのおかげで元気に旅ができました、という考えです。

作戦の一つとしては、どこに行ってもお土産は棚にいちばんたくさん積んであるものを買う、とあらかじめ決めてしまう。それで、みんなに渡すときは「ごめんなさい、これしか売ってませんでした」「最後、時間なくて」と言いましょう。

旅先でいろんな人の顔を思い浮かべてしまうって、非常に心の優しい人だと思うんですよ。でも、他人の顔がプレッシャーになってしまって、せっかく旅に行っているのに、恐怖みたいになっちゃってる。あなたの場合、お母さんの教えに従って、お土産は買わないときっぱり割り切ってしまってもいいのかもしれません。

占いをしてきた人間として思うのが、ちょっと心に引っかかる問題って、「何となくこれもやっておいたほうがいいんじゃないのかな」程度のことでも、結構その人に過酷なストレスを与えているんですね。

例えば、料理教室行ったほうがいいのかなとか、オリンピックがあるから英語を習ったほうがいいのかなとか。その程度のことでも、毎日毎日気が重くなってくる。そういうときはきっぱりあきらめてみる、捨ててみるのがいいです。期間を1年とか2年とか定めて、一回あきらめてみる。どうしてもやりたくなったらまたやったらいい。あきらめても思ったよりダメ人間にはなりませんから。

そのあきらめてみる生活をしたとき、新しい世界が見えてくる可能性があります。

Q

息子が大学に入学しました。手塩にかけて育てた息子と一緒に暮らせるのもあと4年。この寂しさを人に言っても、「何言ってんの」「息子ラブ」と言われ、理解してもらえません。もし彼女なんかできたら絶対に歓迎できない自信があります。その時は私の目の届かないところに行ってもらいます。

（女性／フリーランス／56歳／いて座）

支配ではないお母さんの愛情。息子さんはもう気づいているはず

　はじめに、いて座の話をします。いて座は「価値がわからない人」が嫌いなんです。このお悩みも、息子さんの彼女を、まだいないにもかかわらず、すでに敵視していますね。自分が手塩にかけて育て上げた、うちの息子の価値が、変な女にわかるわけがない。そういう気持ちなのではないでしょうか。

　でもね、この方、すごく素敵なお母さんだと思います。「自分は息子ラブ」ってギャグにしながら、彼女を仮想敵にして息子からちょっとだけ手を引こうとしている覚悟がある。私を張り倒してでも自分のやりたいことをやってほしい、っていう、すごく強い愛を感じます。

　こういう溺愛のいいところってたくさんあります。何かを成し遂げる人って、勘違いの偏愛を受けた人が多いと思うんです。例えばノーベル賞を取るような学者さんでも、研究のきっかけは小学校の先生から言われた「お

息子ラブなんです

前が数学やったらすごいことになる」という一言だったりする。初めはちょっと大げさに言ったことかもしれないけど、本人にとってはその言葉が宝物になる。そういうものをあなたもたくさん息子さんに与えてきたと思うんです。

仮に、まだ全然息子さんから離れるつもりがなかったとしたら、「息子が大学に入ったんですけど、今後いい就職先を見つけられるか不安です」っていう悩みになります。

これは「支配」であり、依存関係になってしまっている場合です。溺愛が悪い方向にいってしまったのが、いわゆる「毒親」です。自分の夢を子どもに託している人たちです。その原点のどこかに憎しみがあって、自分がこういう目にあったのは親のせいだ、子どもにはそうなってほしくない、と思っている。

毒親には自分の理想像があって、例えばテストの点数が良かった話は喜んで聞きますが、友達とサッカーやって服が汚れちゃったっていう、自分が不快になる話は無視する。これが子どもにとっては無言の圧力になります。子どもが自分の趣味で買ってきた服にもケチをつけますよね。「なにそれ全然似合ってない」って。これが支配です。

息子さんが一人暮らしを始めたり、友達と一緒にいる時間が増えたりして、顔つきからあどけなさがだんだん失われていく。寂しさもあると思いますが、支配ではないお母さんの愛情に、息子さんはもう気づいていると思います。

息子さんが連れてくる彼女、あなたといい友達になれる人だと思いますよ。へー、やるじゃないの、って。

Q

「人生100年時代」がうっとうしいです。明るい老後が見えません。昔だったら死んでいる年齢。死にたいわけでもないけど100年も生きたくありません。田舎の里山とかに住みたいなとも思いますが、今の仕事をするには職場に通う必要があり、踏ん切りがつきません。

(男性／会社員／54歳／いて座)

成長し続けなければというストレス。どうでもいい話をできる場所が必要です

はい、正直言って、僕も同感です。人生100年時代って、昭和の時代に実現していたら夢のある話だったと思う。一軒家買って、大家族作って。その気合と根性ってどこから来たんだろう。いま、自分がおじいちゃんになったときに、でかい一軒家を建てて、家族全員が集まっているところなんか想像しても、喜びよりも先に負担のことを考えてしまいますよね。

昔と比べていま100年生きることが、幸せとだけ思えない理由の一つは、いい悪いは別として、宗教的な価値観が昔と比べて薄くなったからだと思います。これは別に、宗教に入りましょうという話じゃないんです。村の中枢に寺とかがある世界だったら、なんていうのかな、役割分担があった。若手は肉体労働がメインで、だんだん順番に年を取っていくと寺にも通って。生活ももっと余裕があった。

100年も生きてどうするの

今後、寺に代わる可能性があるものって、喫茶店なんじゃないかと思っています。そこらへんの喫茶店に行って、足が痛いって言ってる知らないおばあちゃんの話を聞いてもいいと思うんですよね。自分もたまに愚痴をはいたりして。

100年時代をどう生きていくかという不安と心配は、つまり成長し続けなければいけないというストレスです。成長して立派な話をしなければばっていうプレッシャーが、どの人にもある。そうじゃなくて、どうでもいい話を、誰も聞いてなくてもいいからできる場所。それがない世界って、すごいストレスというか。

いて座は「開拓者」です。地域で初めて女性社長になったとか、努力して若い人たちに道を切り開くとか、そういうのを命がけでやってくれる人。

でも情報があふれる今の社会って、ネットに全部載っていて、開拓することがなくなっています。自分の身をもって経験すること以外で知っちゃうことが多い。そこに虚しさがあると思うんですね。いて座の人って、使命感がないと生活に対して張りがなくなってくるんです。虚しさと戦っても絶対勝てません。

いて座は自分が死ぬ前の日まで主役を張れるタイプでもあるから、「この人すごい」って思われる場所では、すごいパフォーマンスを発揮します。だから思い切ってゼロから畑を耕したりとか、どうでしょう。「この野菜食べてみな」って人に食べさせて、「こんなおいしいものがあるの」って驚かれたりして。そういう瞬間があると、「あーこのために生きてる」って思えるんじゃないでしょうか。

Q

フリーで通訳・翻訳・講師業の仕事をしています。売り込みは苦手ではないので、自分から営業して仕事は回っていますが、もっと人に呼んでもらったり、声をかけてもらったりしたいです。まだまだ勉強が足りないので、知識を増やし、体を鍛えてもいますが、何が足りないのかいまいちわかりません。

(男性／フリーランス／41歳／てんびん座)

人に会ったら「メモ」してください。「覚えている」ことが大きな有利になる

こういう悩みって、今すごく多いのかもしれません。世の中全体に、たとえ会社員だとしても、自分をブランディングしていかなきゃいけないという空気がつきまとっています。でも、自分のブランディングって、僕は声を大きくすることじゃないとも思うんです。SNSも毎日更新することだけが大事ではない気がしていて。情報の受け手側が、声が大きい宣伝に対して、もう疲弊していますよね。

このお悩みに対しての回答ですが、僕はシンプルに「メモ」じゃないかと思うんです。会った人について、どこで会って、何が好きで、何が嫌いなのかメモしておくこと。世の中に情報がありすぎるからこそ、生身の人間同士が会っても、どうせこの人は私のこと覚えてないだろうなっていう不信感が前提にある。この人はほうれん草が好きとか、そこを覚えていることが大きな有利になる気がします。

何が足りないのかわからない

恋愛でもそうですが、モテる人って相手の好みを覚えている人。好きな食べ物と嫌いな食べ物とか。その人にとって好きなものと嫌いなものって、他の人にとっては理解できないかもしれないんだけど、すごくデリケートな問題です。それを2回目に会ったときに覚えてくれているかってすごく大事。

実力で壁に突き当たったときは人柄を伸ばすとき、人柄で行き詰まったときは実力を伸ばすときです。両輪で回っていて、実力だけでやってきた人はどこかで「思ったよりみんな振り向いてくれないな」という壁に突き当たります。

あなたの実力は十分あると思います。だからこそ体を鍛え始めちゃったりする。男の人がやりがちですが、完璧になればなるほど嫌みになって、人が離れていく逆効果も。

てんびん座はスマートな人たちだから、小細工を嫌がるかもしれないんだけど、「こないだ元気そうでしたね」とか3日後に改めて言われると「覚えててくれたんだ」って想像以上に人って嬉しいんです。それは誰も不幸せにしない小細工じゃないでしょうか。

仮に100人の教室でも、その中の一人のことを覚えておいて、「先週具合悪そうだったけど大丈夫?」って100人の前で言えば、100人の心がつかめるはずです。「この人は自分たちのことをちゃんと見てくれる人だ」って。

服や靴の色を覚えるとか、髪形を褒めるとか、たまに心理テクニックの本に書いてありますが、外見よりも、その人の心配りとかやってくれたことを見逃さずに伝えてみてほしいです。

Q

いまのワンルームマンションに引っ越して5年。なかなか物が捨てられず、ベッドといつも座る定位置以外、床が見えない状態です。着ない服が大量に散乱していて、どこから手を付けていいのか……。あるはずのものが見つからずまた買ってしまい、ますますモノが増えるという悪循環から抜け出したいです。

（女性／美容師／34歳／しし座）

アルバムを見て思い出に浸って。好き嫌いがはっきりして感情の処理ができる

片付けられない人に共通しているのが、どこか日々に追われている人たちなんです。日々に追われて部屋が散乱し、さらに物を買ってしまう。でも、ちゃんと理由がある。

物を買うって、いちばん手軽に刺激を受けられて、ご褒美にもなる。僕も仕事で疲れてくると、なぜか冷蔵庫にヨーグルトが増えます。食べ切れないけど、買うことで何かを満たしているんでしょうね。

美容師さんの仕事は、お客さん商売の中でも、いつもキラキラしていないといけない仕事です。お客さんの好みをつかんで、期待以上の価値を与える仕事って本当にすごいし、だからこそ、疲れも溜まると思います。

さて。片付けられないときにやっていただきたいのが、思い出アルバムを見返すこと。学生時代の写真を引っ張り出してきてもいいし、古い携帯のカメラロールを見てもいい。思い出に浸る時間を作ってみてください。

モノは増える一方で

どうしてかを説明します。

物を捨てられるって、つまり感情の処理ができている、ということなんです。逆に、日々に追われている状態というのは、感情の処理ができていない状態です。

過去を振り返ると、今の感情につながる大事な風景みたいなものが結構出てきます。だからアルバムを見て旅先のことを思い出したり、「このとき確か電車1本逃して大変だったな」って、思い出に浸ったりしてみてほしいんです。

昔の写真の何が面白いかって、こんな服着てたんだ、っていう写真が出てくるんですよ。今は絶対着ないような服を着ていて。この赤いワンピース、ダサいけどあの頃は好きだったんだよね、みたいな。

「これが好き」っていう軸がないと、感情の処理ができないし、捨てられません。

思い出アルバムを見返して、当時自分が着ていた服のダサさに浸る。それは大事なことです。そうしているうちに昔好きだったもの、今も好きなものがはっきりしてきて、捨てられるようになる。

片付けについては、他にみずがめ座の方からもお悩みメールをいただきました。

片付けが苦手な方々は、もともと感情の処理に時間がかかる。みずがめ座もしし座も感情の処理は苦手なタイプ。「卒業式でされた告白を受けるべきだったか」「あっちのサークルに入るべきだったか」みたいなことを何十年も引きずっていたりします。

思い出に浸るときは、できれば散らかった部屋ではなく、カフェとか、少し気分がウキウキする場所でやるのがおすすめです。

Q

友人の代行で、あるグッズをよく買います。私はグッズ欲はなく、友人の〝推し〟が出たら譲るため。こんな「都合のいい人」を卒業したいです。私も推しを見つけて、一人でも楽しく生きていけたらいいのですが……。何かコツやアドバイスがあれば、お聞きしたいです。

（女性／接客業／31歳／うお座）

全力で〝推し〟応援は、努力ではできない。緩い趣味を探す活動を

まず最初にお伝えしたいのは、あなたはすごく尊いボランティアをしているということです。誰かのファンになって、その人をとことん応援する、いわゆる〝推し〟の世界って、完全に別世界。

僕も、すごい好きなアーティストがいる知人がいて、ライブに付き合ったことがあります。グッズを買うのを手伝って、列に分かれて並びましたよ。

びっくりしました。隣にいる僕のことなんて、もちろん1ミリも視界に入ってない。2年に1回とかのライブだったのですが、何年間分かのエネルギーをそこで全部発散している。そして逆に、光をそこで全部吸収もしているかのようでした。

彼らにしてみたらそれで何年間か頑張れるわけだから。それはまさに祭りというか、異様な熱気があって、常識が通じない状態。

だから祭りを手伝うボランティアをしてい

ると思うのがいいです。それは、ものすごく尊いこと。ご友人もきっと感謝をしているはずだけど、感謝を示す余裕すらない。それほど全エネルギーが推しに向いちゃっているんだと思います。

ただ、全力で推しを応援するという境地に自分も達するのは、努力してできることではないような気がします。

少しうお座の話をします。うお座は2019年から2021年まで含めて、これまでのコミュニティーから離れて新しいコミュニティーに参加していく大きなタイミングにいます。今まで仲良くしてきた人とどうにも気が合わない、という状況も今年は起こりやすいです。

ご相談の文章を読んでみて、「引退した後の楽しみを見つける」くらいの感じで、緩い趣味を探す活動をしてもいいんじゃないかなと思いました。

うお座ってすごく美意識が強い人たちです。自分の好きなものやセンスが体現されている場所に行くと、すごく癒やされる。

おすすめは地方のカフェです。地方のカフェって東京ほど回転率を気にせず、オーナーのこだわりが追求され尽くしたところが多い気がします。お客さんたちもその空間を気に入って通っていて、会話が面白いんです。ジャムの話とかカメラの話とか。趣味を持っている人って、参入者を増やして一緒に楽しみたいと思っている人が多いから、きっと喜んで教えてくれるはずです。

ボランティアはほどほどに、ぜひ自分の居心地がいい新たなコミュニティーを探してみてください。

Q

定年退職を2年後に控えた者です。数年前から妻に、「あなたが365日24時間、家でゴロゴロしているかと思うとゾッとする。定年後は、仕事か趣味を見つけて」と言われています。私としては、妻にこそ出歩いてもらって、自分は家にいたいのですが、男が家でゴロゴロしているのはいけないことでしょうか？

（男性／教師／61歳／おひつじ座）

ゴロゴロの延長のような場所を外にも作ってみてください

これはもう、ぜひゴロゴロしていただきたいですね。僕自身、学校に通っていた間、そして大人になってからも、先生にかけてもらった言葉でどれだけ救われたか。すごく感謝しています。教師って数値化されにくい職業。それこそ、何人立派にしたから給料が上がるとかではない。目を離さないで人が人を見ていくのって本当にすごいお仕事です。それを定年までやるって、優しいだけじゃない、すごい使命感だと思います。

「趣味を作って」と言われても、人から強制されたらやりたくないんですよね。これまでと同じような立派なこと、人に喜んでもらえることをしなきゃいけない、というプレッシャーもあるかもしれない。

家でゴロゴロして、そのゴロゴロの延長のような場所をできれば外にも作ってみたらいかがでしょうか。例えば週1回、2時間、新聞を読みに行くだけの喫茶店を作ってもいいと思います。その店員さんと「こんにちは」って言う間柄になったら、そこはもうコミュニティーです。身の上話をするとかじゃなくても、自分を知っている人がこの世にいるって、結構勇気づけられます。

おひつじ座は初動に時間がかかる人たちです。友達に「ちょっと一緒についてきてよ」って、ビビリなところもある。2周目に入ったらすごいスピードを出すんだけど、1周目はどこかぎこちなさがある人たち。新しい店に行くならまずは誰かと一緒に行って、だんだんなじみの場所にしていくのがいいと思います。

ところで、定年退職は多くの人が通る試練。定年後に幸せな生活をするためにはどうしたらいいでしょうか。僕は「ゼロに戻る」経験に慣れておくことだと思っています。定年すると、それまで自分が築いてきたものがなくなって、一旦ゼロになる。

僕はまだまだ若輩者ですが、それでもたまに「こんな扱いされるの？」って思ったり、邪険にされてむっとしたり。多分どんな人でも、年齢を重ねていくと、尊大な自分も出てきてしまう。

年齢を重ねた人こそ、ゼロになる体験を。例えば立ち食いそば屋に行ける人って、ゼロになれる人だと思うんです。余計な装飾がなくて、みんなが「ただ蕎麦を食う人」に戻る空間。立ち食いそば屋で食べている人たちは野性味が溢れていますよね。「食った！　出発！」みたいな。あの場所にどこか精神の自由さを感じられたら、勝ちですよね。ちやほやされない環境を、自らの意思で選んでいく人ってとてもカッコイイ人だから。

Q

非正規のリサーチャーです。異動で部署はたったひとりに。1時間半かけて通勤して、誰とも話さないまま帰る。家は一人暮らしです。この生活が毎日続くとなると精神衛生に悪そうです。お昼休みに語学教室にでも通おうかと思うくらいです。誰かと日中、話す機会を作るにはどうしたらいいでしょうか。

（女性／リサーチャー／50歳／みずがめ座）

新橋のガード下のご飯屋さんに行ってみるのはいかがでしょう

おしゃべり、大事ですよね。昔、マンションの一室を借りて占いの仕事をしていました。従業員は僕だけです。お客さんとは話はしますが、昨日なに食べたとか、そういうどうでもいい雑談をするわけではない。もともと僕は内気で無口なほうなんですが、一人で職場行って一人で帰るのが、あんなにつらいとは思いませんでしたね。気づけば植物に話しかけていました。

ちょっと変なことを言いますが、いただいた相談の文章を読んで、僕はなんだかあなたの親として相談されているような感覚を覚えました。「お父さんお母さん、私、語学教室に通おうと思うんだけどどう思う？」って、確認されてるみたいな。

勝手な空想を言ってすみません。ただ、みずがめ座はなぜか不思議と、すごく両親と縁が深い人が多いのです。過去に僕が見てきたみずがめ座の人たちも、「親に喜ばれる私にならなきゃいけない」っていうプレッシャーが、他の星座と比べてやけに高い。

そして、おしゃべりの課題にぶつかる人たちも、どこかで相手が喜んでくれる「いい話」をしなきゃと思っている人が多いです。でもみんなを喜ばせる話ばかりずっとしていると、だんだん言葉に詰まっていきます。

語学教室も大賛成ですが、もしよければ、新橋のガード下辺りのご飯屋さんに行ってみるのはいかがでしょう。ガード下の飲み屋では、まあみなさん身も蓋もないと言うか、親が喜びそうな話なんて誰もしていません。あの上司、異動してくれたらいいのに……とか、ストレス発散のためだけに吐き出しています。そういう親の期待に応えられなかった大人の不良たちが集まる場所に行ってみると、一皮むけるかもしれません。

新橋の飲み屋はハードルが高いなら、京都とかのおしゃれな飲み屋さんに行くのもおすすめしたいです。東京だと、飲み屋での知らない人との会話が、どこか社交辞令っぽかったりしますが、関西だと「しんどいわぁ」「かなわんなぁ」でなぜか成立してしまう。

その適当さは結構心地よくて、僕自身、たまに東京から避難して関西に行きたくなります。なんというか、お互い「毒抜き役」を引き受けあっている、みたいな感じなんですね。

チャットやツイッターで誰かと話すという手もありますが、これは向いている人と向いていない人がいます。ツイッターは特に〝言いっ放し〟の世界。あなたの場合は、生の反応が返ってくる世界を望んでいるように思います。

Q

比較的余裕のある職場で、長々とおしゃべりする人がかなりいます。昨年までの直属の上司は、朝は必ず部下と最低30分。やっと終わったかと思うと、また別の人と。逃げようにも逃げられず、イライラしてしまいます。おしゃべり好きの人とどう付き合えばいいのでしょうか。

（女性／公務員／48歳／かに座）

雑誌の記者になったつもりで、表情を観察してみてください

まず、かに座の話からしましょうか。

かに座って、本当によく周りを見ている人たちなんです。ちょっと野生動物に近いところがあって、例えば電車に乗ったとき、前に座っている人が怪しくないかとかそういうのを結構チェックしている。なんていうか、自分の築き上げてきた秩序や平和を、よくわからないものに切り崩されるのが嫌なんですね。

かに座は今が「何タイム」なのかを大事にします。仕事タイムか、おしゃべりタイムか。「ダラダラする時はダラダラするし、やるときはやろうぜ」って。オンとオフ、自分が集中するべきところとそうじゃないところをしっかり分ける。職場でも「さっきおしゃべりの時間作ったじゃん、その時にしゃべってよ」と思ってしまうんでしょうね。

さて、対処法ですが、その職場で働きながら、副業で雑誌の記者をやっている、と思ってみてほしいんです。あの人がいま気にして

おしゃべりにイライラ

いるのはこういう問題、って要点をピックアップしながらネタをメモする。そして、おしゃべりをしている人の表情や顔つきをよく観察してみてください。

例えば通勤電車に乗っていて、隣のおじさんがエロい動画とかを見ていると、勘弁してくれと思うんだけど、表情を見るとどっかふてくされていたりします。得意先で頭下げながら、電車で「実は俺はこんなワルなんだぞ」と悪ぶっているみたいな。ニヤニヤして見ている人は本当の変態ですが、その区別がつくと安心できるんです。なんでこんなことするんだろうってすぐ怒りに繋げるんじゃなくて、雑誌の記者みたいに表情を観察してみると、あぁこの人は悪ぶりたいんだな、と見えてくる。

そうやって納得できると、ちょっと放っておくことができる気がしませんか?

おしゃべりをする人たちって、表情がうつろな場合が多いです。目に力が入ってない状態のまま、とめどなくどうでもいい話をしている。その表情を確認すると「あ、いろいろあったんですね、頑張ってください」って思えて、自分のイライラが収まります。

ツイッターの変なリプライが恐怖心を煽るのも、表情が見えないからだと思います。どういう人がどういう表情でつぶやいているのか、わからないからこそ、その話に無限に引き寄せられちゃう。SNSが発達して言葉だけがピックアップされがちな今だからこそ、原点に戻って表情を見てほしいなと思います。

Q

長女を出産し、初めての育児に四苦八苦しています。育休中にスキルアップの勉強もしなければと思いますが、目先の離乳食や保活でいっぱいいっぱい。1年後に復職予定ですが、これから子どもを育てながら、キャリアを形成していけるかとても不安です。アドバイスいただけると嬉しいです。

（女性／会社員／31歳／おうし座）

適度な厚かましさが必要です。気が向いたときに愛するくらいでいい

おそらくあなたはすごくちゃんとした方で、周りに気軽に頼むということができないタイプなのかもしれません。

おうし座は愛する者の保護者になり過ぎちゃうところがあります。つまり、自分が愛する者のすべてを背負おうとしちゃう。でも、「背負う人」「背負われる人」と分けないで、世話する人に対してもたまに「甘えさせてもらう」のがまず大事になるんじゃないかと思いました。

それで、30代に入った時って、ネガティブに聞こえるかもしれないけど、自分の人生の中で「全部は頑張れないな」っていう諦めが必要になるタイミングでもあると思います。生活の中で10%から20%ぐらいは「私、こういうところは悪い母親なんだよね」って、笑いながら言ってもいいと思うんです。

現代社会はわりとそういう「ちゃんとした人」が多いと思います。もう少し厚かましく周りにお願いができたら、ちょっと楽になれたりするのに、ちゃんとした人たちは「こんなこと頼んだら悪いよな」「相手にも都合があるし」って考えて、自分がパンクしていく。適度な厚かましさって、必要だと思います。まずは旦那さんを相手に、「ちょっとこれお願い」って厚かましさの練習をしてみてはどうでしょうか。

あとはもしかしたら、お子さんに対しても、自分の職場やキャリアに対しても、「愛さなければいけない」っていう意識が強いのかもしれないです。

24時間毎日誰かを愛したり何かを愛したりっていうことをやると、パンクしちゃいます。「愛する」って、なんていうのかな、たまに食べるお寿司とかステーキみたいなものでいいと思うんです。お寿司やステーキは食べるための体力も必要で、こちらが万全じゃないとおいしく感じられない。同じように、愛するという行為も結構カロリーがかかる行為です。愛を大事にしすぎちゃう人は、毎日ステーキを食べているようなもので、体力がついていかないし、食べてもそれが栄養にならない。気が向いた時に愛する、ぐらいの感覚も必要な気がします。はじめは怖いけど、それで結構楽になれたりもするから。

この時期の女性って、もしかしたら人生で一番大変な時期かもしれないですよね。男性は感じることが少ない、例えば一回キャリアから外れなければいけない恐怖心とか、現実的な問題も含めて。そういうすごくつらいときって、ある意味、待つしかないときもあります。でも、待ってるうちに風向きって必ず変わってきますから。

Q

就職活動をするにあたって、どういうマインドでいたらよいでしょうか。やりたいことはあるものの、ちゃんとインターンに行って、ちゃんと就職、というレールにイマイチ気分が乗らず、「ここらでぶち壊してーな」としか思えません。かといってレールを外れる勇気もありません。

（女性／学生／20歳／しし座）

ちゃんと苦しんだほうがいいところです。「準備・信用・人柄」を磨いて

就活って、子どもと大人の最大の境界線ですよね。「ここから先は大人ですよ」っていうラインだから、絶対大人側に有利なんです。僕は就活失敗組なんですけど、本当につらかった（笑）。何回か面接したあとに不採用にされると、自分の人生を否定された気持ちにもなります。あんなに残酷な世界って、ちょっと他に思いつきません。

恋愛や人間関係なら、もうちょっと猶予がある。もう1回だけ会ってみようとか、もう少しだけやりとり続けてみようとか。でも就活では、会社が求める基準を満たさなければ、本当に残酷に落とされてしまいます。

「ぶち壊してーな」っていうしし座らしさも僕は大好きなんですが、あえて言うと、ここはちゃんと苦しんだほうがいいところだと思うんです。

それは、敵のことをちゃんと知って、敵のことまで考えられる人が、将来大きな仕事を成し遂げていく人だから。就活で感じる違和感や理不尽さは、ずっと持ち続けてください。でもその違和感にちゃんと勝ち、したたかさに変えていくことも大切です。

大人になって第一線で活躍する人って、いわゆる「食えないやつ」って言われるタイプだと思うんです。どこか油断できず、時おり牙を見せる。表立っては真面目なんだけど、自分のポリシーに対して異様に頑固なところがあって、100％従順ではない。

でも、牙を見せるという手段が有効なのは、普段の9割は礼儀正しく、みんなの信用を勝ち得ているからこそ。大きな戦いで勝つとか、システムに対抗するには、怒りだけじゃなくて「準備・信用・人柄」が必要だと僕は考えます。

「準備」は、自分が大事にしたいもの、自分にしかない才能をコツコツ積み上げること。「信用」と「人柄」は似ているんだけど、「信用」は仕事の遂行能力っていうのかな。例えばバイトでも、ドタキャンばかりの人はなかなか信用を得られません。真面目に働いてる人だったら、明日急に休むことになっても、「ああいいよ、行っておいで」って言ってもらえますよね。

「人柄」は言い換えれば、隙を見せる勇気です。あんまり武装しすぎないこと。強気な人って、物事を頼みにくいじゃないですか。

これらが三つそろって初めて、人から応援される立場になれるし、大人になってからの勝負で勝つことができる。そういうことを考えていく始まりが、20歳とか21歳の、就職活動なんだと思います。就活って悔しさを育てる場所でもあるから。

Q

小4の娘を怒りすぎではないかと悩んでいます。怒る自分にも、同じことを繰り返す娘にも、またか、と嫌気がさしています。思春期前の娘（かに座、10歳）との距離感、付き合い方などアドバイスをいただけますか。

（女性／サービス業／37歳／おひつじ座）

かに座はとにかく身内に厳しい。大人として向き合い3カ月頑張ってみる

おひつじ座とかに座は少し難しい相性もあったりします。これ、もしかして、娘を怒りすぎているというより、娘さんから怒られて悩んでいるのではないでしょうか。「お母さんもうちょっとちゃんとやって」とか。かに座の指摘って正確で、とにかく身内に厳しいです。いちばん見てほしくないところを嫌なタイミングで突いてくる。年上に対しては、平然と「あなた保護者でしょ」って。年下に対しては秩序を求めます。たまに、とにかく容赦がない。子どもでも同じことです。

一方おひつじ座は、のる時はやりますっていう人たちです。のったら奇跡のパワーを出すんだけど、人からとやかく言われたくない。世界を敵と味方に分けているようなところがあって、敵から言われることは絶対やりたくない。味方っていうか、プライドをくすぐってくれる人、ちゃんと見てくれている人に対しては、どんなことでも請け負っちゃうとこ

ろがあります。

お母様は、きっと娘さんから監視されてるような目線を感じているのだと思います。多分本当にムカつくことも言われてると思うんですよ。「お母さん、どうしておかず2品しかないの?」とかね。

申し訳ないですが、これは逃げられません。かに座の指摘に乗っかるしかない。そしてそういうときは、相手が子どもだと思うんじゃなくて、大人として向き合ったほうがいいです。「あのね、あなたの気持ちはよくわかる。でも今日はこういう用事があったからできなかったの。でもできるだけおかず3品になるように、こういう努力をしてみるね」って。

かに座との話し合いの中では、理想値を提案しないと納得しないです。みんなこうやってるとか、疲れてるとか、現状こうだからしょうがないじゃん、っていうのを全く許してくれません。理想を目指す姿勢が相手から見えないと、ずっと攻撃し続けます。

かに座って自分の身内にちゃんとしてほしいっていう気持ちがあるんですよね。それで矯正ギプスみたいなものをハメようとするときがある。おひつじ座はこの矯正ギプスが大嫌いなんですよね。

ただ、もうこれはかに座学校だと思ってください。そのカリキュラムを3カ月間ぐらい信じて頑張ってみる。かに座は自分が言うことがキツイって自覚しています。だから、相手が努力して変わろうとしてくれたら、すごく評価する。僕も身内にかに座がいて大変だったんですが、そうやって頑張ったら、無事に卒業証書をいただきました。

Q

同性のパートナーがいます。両親にも紹介済みですが、同性だからという理由ではなく、将来一緒になるべきではないと両親は反対します。「素直な自分」をさらけ出せる相手と一緒にいたいですが、家族を落胆させたくもない。でもそれを理由にパートナーと別れることは絶対にしたくありません。

（男性／大学院生／26歳／みずがめ座）

一緒にいて変わることが評価されるか。恋愛と友達関係は違う

これは本当にしっかりお伝えしたいことがあります。誰かとお付き合いするとかパートナーになるという、そこにしかない体験で大事なことって、「自分がどう変わったか」になると思います。

人が誰かと一緒になることが周囲から祝福されるかどうかって、「あの人と一緒にいてあなた変わったよね」と言われるかどうか。この人と一緒にいるようになってから、人の痛みがわかるようになったとか、ちゃんとお礼を言うようになったとか、生活がちょっと改まったとか。恋愛していい方向に変わったよね、というのが、祝福だと思うんです。

これがね、友達同士だったら別に変わらなくてもいいんです。ありのままの自分でそのまま向き合えるし、相手がまぁまぁだらしなくても、「それがお前の面白いとこだよ」って言うこともできる。

でもパートナーシップにおいては、そのだ

らしなさが相手にとって不快なレベルであるならば、それはやっぱり直さないといけないです。

誰かとパートナーになることの最大の面白さは、その変化によって自分があらためて評価されること。それがパートナーに報いることにもつながります。この先も一緒にいて、ご両親にも祝福してほしいとなると、やっぱりその変化の部分を見せていく必要があるのかもしれないです。

恋愛にも何段階かあって、自分が20代でした恋愛と30代でした恋愛を振り返っても、全く性質が違います。20代は一緒にいて楽しいかどうか。恋愛がちょっとだけアウトローな世界に入れる道でもあって、一緒にタバコを吸ってみたり、夜遊びしてみたり。年齢がもうちょっと上になると、お互いに、生涯を共にするのにふさわしい相手かどうかの評価が入ってくる。

素直な自分をさらけ出せることも大事なんですが、それをやりつつ次の段階に行く時なんじゃないかな。相手の方の尊敬するところはどういうところなのか。一緒にいることによって自分がどういうふうに変わっていきたいのか。それは、1日2日じゃなくて、ずっと続けていかなければいけない。

私見なんですけど、みずがめ座の恋愛って、人生の中で一度は親に反対される人と付き合わなきゃいけない、みたいなのがある気がします。みずがめ座はどこか親を背負って生きています。捨て台詞じゃないけど、「ちょっと僕の好きにやらせてほしい。僕なりにあなたたちに認められる人間になるから」って言葉を出していくべき時があります。

Q

中3から高1の間付き合い、高校卒業後にまた付き合っている人がいます。遠距離です。2カ月に1回しか会えません。好きなのですが、会っていても楽しいとか面白いという感情があまりわきません。このまま距離も縮まらないなら、縁のない人なのでしょうか。別れるべきか悩んでいます。

（女性／大学生／19歳／いて座）

いい話だけのパートナーシップはない。不都合な話をすることも優しさ

前回に続き、誰かとお付き合いするとかパートナーになることについて、僕なりの考えをお伝えしたいと思います。

誰かと友達以上の関係になることにおいて、大事なことが二つあります。

一つは相手を大切にすること。思いやりが大事ってよく言われますが、その通り。友達だったら、今から会おうぜと言ったり、ドタキャンしたりしても許してもらえる。でも恋人関係とかパートナーシップって、相手の都合も考えてちゃんと約束を履行することが大切になります。

二つ目。僕はお付き合いしていくうえでこれが最も大事なんじゃないかと思っているんですが、「自分を大切にする」ことです。

思いやりや優しさには2段階あると僕は思っています。相手が喜ぶ顔が見たい、っていうのが1段階目の優しさ。例えばカレーを作って相手が喜んで食べてくれたらそれで自分

も幸せになれる。恋愛の初期ってそんな感じじゃないですか。

でもそれだけじゃないのが人の面白いところ。その先に「2段階目の優しさとか思いやり」がある気がするんです。付き合いが長くなるほど、この2段階目が大事になりますが、これは自分のエゴを知らないとできません。

例えば相手は週末に必ずどこかに出かけたい派で、自分は家にいたい派だとします。相手に合わせて毎週末出かけていたら、二人の距離は遠ざかってしまう。相手は喜ばないかもしれないけど、「私は本当は家にいたい」って伝えるのが、実は2段階目の思いやりとか優しさだと思うんです。

恋愛だけじゃなくすべてのパートナーシップにおいて、いい話だけの関係なんて世の中にありません。長く付き合い、これから先も大事にしたいと思うのなら、相手にとって不都合な話もしなければいけないときが必ず来ます。そして、不都合な話は信頼関係がないとできません。

自分のエゴとか嫌な部分に向き合うのは苦しいんだけど、より大きな思いやりを相手に対して持つために、自分のことも知らなきゃいけない。それに、相手を好きであればあるほど、そういう話をしてくれないことのほうが寂しいと思いませんか？

相談者さんの場合、距離が縮まらない虚しさのようなものを感じていて、「特別な関係じゃないの？」と思ってしまっている。自分と向き合って、「私は空虚感を感じている」とちゃんと相手にも伝えていく。そういう局面に来ているのではないでしょうか。

Q

孫が生まれてから、実母がたくさん物を買い与えてくれます。着られないほどの洋服、母乳で育てたいのにミルクなど。大切にしたい一方で困っています。必要な時はお願いするから、と話をするのですが……。何かいい声かけはないでしょうか。

（女性／会社員／31歳／おうし座）

「期待に応えない練習」って大事です。じゃないと自分の世界観が侵食されちゃう

少し遠回りな話をしますが、僕は、人間って生きていくうえで、「期待に応えない練習」がすごく大事な修業の一つだと思うんですね。

両親の期待に応えたり上司の期待に応えたり、それを100％守り抜いていくと、どこかでどん詰まりになって爆発します。そうすると相手にとっても自分にとっても困る事態になっちゃう。期待に応えないというか、人をちょっとだけ失望させる練習って僕は必要だと思うんです。

だからこの質問にはっきりと答えると、心苦しいのですが、「寄付するか捨てましょう」になります。例えばお母さんは洋服をプレゼントしたら写真を送ってくれることを期待しますよね。お母さんに「前送った洋服どうした？」って聞かれて、「そこまで好みじゃないから人にあげちゃった」って言ったら、当然お母さんを傷つけます。でもその「傷つけること」が、僕は大事な気がしているんです。

母の善意に困ってます

今、傷つけることを異様に怖がる文化があるように思います。期待を裏切れないとか、倒れてでも上司の期待に応えるとか。そうやって何でも引き受けてしまうと、自分が大事にしたい世界観みたいなものがどんどん侵食されていきます。特におうし座は、自分の半径5メートルの世界が本当に大事な人たちです。そこに自分の好みじゃないものが入ってくるのは、直接的なストレスになります。

期待を裏切る練習って、具体的にどういうことか。例えば同僚とランチを食べに行く時に、天ぷらを食べるとします。僕とかは、だいたい食べたい物にブームがあるので、揚げ物ブームがくると翌日も天ぷらでOK。でも絶対「え、また天ぷら？」って相手から言われるわけです。そこで相手の期待に応えて「そうだよね、今日はお蕎麦にしよっか？」ってお蕎麦を食べても、全然おいしくない。実は僕もこないだそうやって一つ克服しました。「ここはいかせてくれ。今日も天ぷら食わせてくれ」って。

期待に応えないと言っても、やっぱりコミュニケーションなので、いらないと伝えつつ誠意を込めて謝りましょう。「ごめんね、この服は私の好みとは少し違って」って。お母さんにとっては孫が生まれたっていう一大イベントだから、その祭りには絶対参加したいはず。そこは何割かは引き受ける必要があります。でも祭りのプロデューサーはあなたです。お母さんは協賛企業。協賛企業が持ち込むものが会場にふさわしいかどうか、プロデューサーが選別してもいいと思うんです。

Q

知り合いから悩み相談されると、全力でこたえようと疲れ果てます。そのことが頭から離れず「彼女はもっとこうすればいいのではないか?」とそのことばかり考えてしまいます。でも次に会うと、相手はケロッとしたりしていて、脱力感でいっぱいになります。こういう時に他人との距離の取り方がわかりません。

（女性／54歳／おひつじ座）

「嫌われてもいい」というあきらめは強い。聞く出力を10分の1くらいに絞って

おひつじ座って、困った人たちをどうにかしようとか、まとめなきゃっていう使命感が強いです。「なんかあったら話聞くよ」っていう長男長女気質。その半面、結構人の顔色を見て、仲間外れの恐怖感も持っています。ちょっと難しいと思うかもしれないのですが、成熟したおひつじ座は「自分が一種の香辛料である実感」を持っています。つまり、好みは分かれる。全員に受け入れられるわけではない。でも、気が合う人や環境とコラボしたときに、すごく大きな爆発力を出していく。「嫌われてもいい」って堂々と言えるおひつじ座は、成熟しているし、自分に自信を持っています。

その段階に至るまでのおひつじ座は、やっぱり嫌われたらどうしようって思って、気を使い過ぎてしまっている。これはおひつじ座に限りませんが、「何やっても、気に入られない人には気に入られない」っていうある種

のあきらめを身につけた人って、強いです。開き直るわけじゃないんだけど、そこだけを気にしてても自分がしおれていって、やりたいことがのびのびできなくなってしまいます。

そこで、アドバイス一つ目。

人気のあるミュージシャンのコンサートに行ってみてほしいです。売れている人たちって、お客さんにウケるパフォーマンスと、自分たちで楽しむパフォーマンスの比重が絶妙だと思うんですね。お客さんの顔色を100%は見てないっていうか。自分たちが楽しんでいるときこそ、お客さんも楽しめる。気を使い過ぎると重くなってしまうことをどこかでわかってるんだと思います。お客さんをまったく見ていないわけじゃないんだけど、勝手に楽しむことの大切さも大事にしてる。その空気を知ったり、触れたりすると、楽になれると思います。

そしてアドバイス二つ目。「町の中華料理屋の店主」みたいな態度を目指してみてください。昔の中華料理屋の大将って、みんなが話しているときも、聞いているような聞いていないような感じで、店のテレビとか見ながら、たまに一言だけボソッと「こうしたほうがいいんじゃねえか」って言う感じ。意識を分散させることって結構大事です。

全力で頑張ってしまうっていう姿勢は根本的に、自分も消耗するし、相手にとってもあんまりいい影響を与えない気がする。ましてや相手がどこか上の空で話しているようなときは、こちらも聞く出力を10分の1程度に絞るというか、省エネモードになったほうがいいと思います。

Q

この春に転職しましたが、周りは人当たりがよく仕事のできる人ばかり。私は要領が悪く、暗い性格で打ち解けられず、常に疎外感を感じています。同期を見ると、周りの期待に応えられていて羨ましい。ママ友付き合いでも孤独です。どうしたら周りの人とうまくやっていけるのでしょうか。

（女性／会社員／35歳／おとめ座）

うまくやっている人のやり方を盗んで。どんな人も意外と孤独を抱えています

僕の経験上、自分のやり方でどん詰まるときってどこかで出てきます。そういうときは、自分を一度白紙にするタイミング。人のやり方を盗むときがきたんだって思ってほしいんです。それは素晴らしいタイミングで、自分のやり方を消しちゃうわけじゃなくて、プライド、美学、価値観みたいなものを一回脇に置いておく。そして、周りでこの人うまくやってるな、っていう人のやり方を盗んでみてください。あいさつの仕方とか、受け答えの仕方とか、気になる点をメモすればいいと思います。

ご相談の文面を見て感じるのが、自分でなんとかしなければいけないっていう苦しさ。自分の力で乗り越えたいとか、隠れたプライドってみんな持っていると思いますが、人見知りの人って、お笑い芸人並みに人を笑わせなきゃって、プロの技を自分に求めている気がします。

何を話したらいいかわかんないっていう人は、自分がどう思われてるか、自分が何をしなければいけないかって、関心事が全部「自分」に向いているような気がします。その比重をちょっとずらして、他人に関心を向けてみてください。それで救われていくことって本当に多いです。「その服ステキですね、どこで買ったんですか」とか、他人に関心を移すと、相手も自分に関心を持ってくれます。

そしてこれはおとめ座特有なんですけど、人生の中で人に裏切られても大丈夫なように準備をしている節がある。嘘をつく大事さみたいなのを、中学生、高校生ぐらいで覚えることが多いのです。おとめ座って、愛情の示し方が「正直に言う」こと。「あなたが大事だからこれを言いたい」って、よかれと思って言ったら、それ以来仲がよかったグループから呼ばれなくなってしまった。そういう経験や傷を抱えている人が多いのです。ハシゴを外された恐怖を持っているから、裏切られてもいいように心の準備をしている。あなたも、人に期待しないように自制して、相手から距離を取っていませんか？

逆説的ですが、「相手にとっての重要人物にならない」と思って接すると、親友になったりします。すごくタイプの人とはぎこちなくなるのに、「こいつに好かれなくていいや」っていう相手から好かれたりしますよね。それは、「軽さ」があるから。

人付き合いが多そうに見える人でも、割とみんな孤独を抱えています。目の前にいる人に、「私、休日けっこう孤独なんですよね」ってさらっと言ってみると、「あ、私も」って返ってきますよ。

Q

5年付き合った彼に3カ月前に振られました。同棲もしていましたが、ほとんどは遠距離恋愛でした。家族のようで、女として見られなくなったと言われました。お互いの両親とも会い、結婚の話もしていました。別れて彼の大切さがわかったし、彼がつらいときは支えたいです。どうしたらやり直せるでしょうか。

（女性／接客業／32歳／ふたご座）

「借り」のある関係には罪悪感が生じる。支えすぎるよりも、突き放すことが大事

まずは、僕が考える恋愛と結婚の違いからお伝えしたいと思います。恋愛で大事なのは、一体化すること。同じものを見て、同じものをおいしいと思って、同じものを感じ合いたい、と思う心です。一方で結婚で大事なのは、違う人同士が協力して同じ生活をしていくことなんだと思うんです。例えば夜中の2時に電話で相手の相談に乗るのは、恋愛だったら大事な行為かもしれません。でも、結婚を見据えた相手と毎晩深夜2時の電話をしてしまうと、おそらく続かないでしょう。

ご相談の文面を読んで、実は少し引っかかったところがあります。「彼がつらいときは支えたいです」っていうところ。ここに関係性が集約されている気がしました。

僕が見てきた感じから言うと、つらいときに支えすぎた人には、98％ぐらいの確率で、さよならがやってきます。すごく残酷だけど、相手が去っていってしまう。

それはおそらく、相手にとっては「借り」ができるからだと思うんです。「迷惑をかけてしまった。僕ではけじめを取れない」と相手に別れを告げることができる人は、ちゃんとした罪悪感の持ち主です。借りを作って罪悪感を持たないとしたら、それは詐欺師になれる人でしょう。

「つらいときに支えたい」っていうのは、すごく優しくて立派なことなんだけど、次の段階に進むときだと思います。支えすぎない関係には何が必要か。それは「できるじゃん。やってみなよ」ってある種、突き放すことです。

結婚やその先の人間関係って、一体化には限界がきます。「これはできません」が言えない関係は、どちらかが壊れてしまう。「これはできるけどこれはできない」って言えるのが正常な人間関係です。

推測ですが、このお二人、お互いにすごく傷ついたのだと思います。お互いが好き同士だから、相手に期待をかけたり、期待に応えるために頑張ってきたりしたと思うんですね。でもどこかでどちらかの気持ちが切れてしまった。

彼は、大きな恩のある、そして、大事な時期を共に生きたあなたとの間ではなくて、自分を見て、これから何ができるか試していきたいと考えたのかもしれません。

お二人がやってきたことは、間違いではありません。どんな別れもつらいものですが、別れる選択をできる人は、人としては正常な状態でもあります。あなたはきっと、学んだものを次に縁のある相手との関係作りに生かすことができる方だと思います。

Q

昔から空気が読めず、人に失礼な言動をしてしまいます。今まではそういうキャラだからと許してもらえたのですが、最近は注意されることが多く、自分でも直したいです。ですが、気づかないうちに言ってしまっていることが多くて、全然直せそうにありません。指摘されるたびに不甲斐ない気持ちになります。

（女性／大学生／20歳／おひつじ座）

「空気読まない会」の会長になって。実は悩みとしてけっこう根深い

　今回は先にアドバイスをお伝えしたいと思います。ちょっと変なことを言いますが、あなたには「空気読まない会」の会長になってほしいんです。それが自分の裏の肩書だと思って、有望な新人をスカウトしてください。周りの「こいつ全然空気読まないな」っていう人を集めて、あえて空気を読まないで悪口を言い合う時間を持つ。

　そうすると、それ以外の時間は、演技として空気を読めるようになっていきます。演技でいいんです。目指したいのは、旅番組のリポーターです。旅しながらいろんな人に出会うんだけど、絶対相手を怒らせないようにそつのないコメントをする、あの感じ。

　おひつじ座はなぜか、「芸人への欲」を持っています。意地悪とか悪口を言ってドカンと爆笑をさらいたい、みたいな。失敗すると「空気読めないやつ」と言われるので、それはもっと腕を磨いてからにしましょう。

この「空気」問題ですが、結構根が深い気がします。おそらく前提として「空気を読みたくない」という気持ちもあると思うんです。そういう人は、空気を読もうと頑張ってきた人なんですね。

占いの仕事をしていていろんな人の相談に乗ってきましたが、空気を読みすぎる人って、悲しいほどに消耗しています。絶対人に嫌われてはいけないという恐怖心から、自分の好き嫌いもわからない状態。そうするとやっぱり人って壊れていくんですよね。

おひつじ座って、嘘が苦手な人たちです。相手を傷つけまいとして、嘘を言うときに、リアクションを盛りすぎちゃうんです。それで嫌われたり、痛い思いをしたりする。

そして女性は特に、社会で「合わせるふり」をしなければいけないコスト」が大きいと思うんです。いわゆる「男らしさ女らしさ」問題。例えば僕は男性だから、靴を脱ぎっぱなしにしても何も言われないけど、女性がやると「どんな教育受けてきたんだ」とか言われるわけでしょう。ちょっとした仕草でのダメージが全然違う。もちろん男性社会にも、先輩と飲みに行かなきゃいけないとかありますよ。でも、やっぱり女性のほうが不自由さは強い気がします。

「空気を読めないんです」「苦手な人と一言も喋れないんです」という、一見すると「それぐらい大丈夫でしょ」と思えるような悩みって、実は悩みとしてけっこう根深い。「嫌いな人の前での笑顔を30％軽減する」とかやってほしいのです。自分が「正直」を求め始めてきている時はやったほうがいいです。

Q

離婚について相談です。お金にルーズで社会的信用もない主人と結婚して17年。子どもは高校生2人。これまで離婚もちらつきましたが、子どもと主人が笑顔で遊ぶ姿を見ると、決心できませんでした。そんな中、浮気と借金が発覚。主人はやり直したいそうですが、私の憎しみは減りません。でも、離婚資金すらありません。

（女性／パート／41歳／おとめ座）

まずは働き先など選択肢を調べて。「泥にまみれる覚悟」で本気度が伝わる

　お二人がどうしていくかは、家族の問題で僕が口を出すことではないんですが、余計なアドバイスをするとすれば、「泥にまみれる覚悟」についてお話しさせてください。

　問題の原因が大きくご主人にあるとしても、おそらくもう「この状態をずっと続けるのは不可能だ」と胃がキリリと痛む感覚でしょう。不幸の原因を相手のせいにする生活と、どこかで区切りをつけて、決別しなければいけない。

　離婚資金がないと決めつけずに、まずは役所で手段を調べたり、働き先を調べたり、どういう選択肢があるのかを人に聞いてみてください。人の最後のプライドなのです。「どうせ誰も助けてはくれない」と決めつけなければ、意外と手段はあるはずです。

　そして高校生にもなれば大人ですから、子どもにも喋るべきだと思う。離婚やこれからの生活、どういう選択肢があるのか、一時的

に生活が貧しくなるかもしれないとか、そういう話も。子どもには迷惑で重い話だし、非難される可能性もある。でもドン詰まりのときって、自分だけ善良でいてはいけないのです。恥を捨て、泥にまで入る覚悟ができたら、一筋の光が必ず差し込みます。周囲に対しても本気度が伝わるからです。

どんなに追い詰められて苦しくても、その夢に入ったままでいたいと思うのが人間。でも夢から覚める覚悟を持ったときに、人はまた次の夢を見られるのだと思います。

そしてその時に、「裏切っちゃいけない人」と「たどり着く場所」があると強いです。

「裏切っちゃいけない人」は、お子さんでも、会ったことのない憧れの人でもいいと思います。「あの人をがっかりさせたくない」。そう思い浮かべられる人が一人か二人いると、いざというときに大事な判断を間違うことがない。

「たどり着く場所」というと少し大げさですが、どんなに苦境でも、楽しむ日を決めちゃったほうがいいです。大人になって野球チームに入っている人って、そのためだけに仕事を頑張っていたりします。楽しい時間に嫌なことを引きずりたくないから、そういう人ってストレスにも強いし、運が強い。楽しいことは楽しい、と正直に感じることができる人のところに運はやってくると思うんですよね。例えば300円のコンビニスイーツとかささやかなものでいいと思います。決まった曜日に、コンビニでスイーツを買う。それを楽しみに嫌なことを片付ける。

そういうたどり着ける場所があると頑張れるし、風向きも変わります。やってみて！

Q

とにかくマイナス思考です。未来を心配する癖があります。起こってもいないこと、人がこう思っているのではないか、嫌われてしまうのではないか、時間に間に合わないのではないか、などと悪いほうへと考えて、疲れてしまいます。取り越し苦労なことが多いです。この考えすぎな頭を止め、平安に過ごす方法を教えてください。

（女性／会社員／43歳／ふたご座）

ウサギタイプの人です。ライオンになる必要はありません

おそらくあなたは、ウサギ科の人間だと思うんです。急にこんな話をごめんなさい（笑）。フィクションとして聞いてほしいのですが、人間って動物の一種だから、進化の過程で、いろんな動物の先祖の成分に近いものが入っているような気が僕はするんです。

ウサギは、穴の中で生活をしていて、自分の安全を確保するために、周囲の物事とかを観察して警戒しています。

そういうウサギタイプの人間っている。小心者になることによって繁栄してきたタイプの人たち。ウサギ科として繁殖してきて、立派なウサギ文化を残してきたわけだから、ウサギはライオンになる必要はないわけです。穴の中に入ってビクビクしているのが仕事。

僕自身も間違いなくウサギ科の人間だし、仲のいいフリーランスの友人にこのタイプは多いです。危険を察知するためにある程度の距離までは相手に近づくけど、それ以上は距離を詰めない、みたいな。「この人と組んだらやばそうだな」っていつも心配しすぎなぐらい心配しているんだけど、それがウサギの生き残り戦略なんですね。肉食をずっと続けると胃もたれしちゃうとか。

　そしてふたご座には、「自分が何者なのか」をずっと考え続けてる人が多いです。ふたご座の観察力って凄まじい。ちょっとした発想や行動の違いによって自分の人生が変わるんじゃないかって、常に考えているんです。今この人に向かってバカって言ったらどうなるんだろうとか。

　ただ、観察力や心配の矛先を、自分の身の回りに向けると消耗します。「あれ、家の鍵閉めたっけ？」とか「あんなこと言ってあの人に悪く思われたんじゃないか」ってマイナス思考になってしまう。他人に関心がいかなくなっているときは、ふたご座が疲れているとき。そういうときはなるべく外に関心を向けたほうがいいと思います。

　心配ごとのループから抜け出すには、例えば自称ライターになっちゃってください。「5分でできる時短料理」についての記事を依頼されたライター、と勝手に設定します。すると本屋さんに行って調査を始めたりする。そういう仮の設定に、ふたご座はすごく燃えられる人たち。5分で手間をかけずにおいしいものが作れるってわかって、自分の世界も広がります。そうやって関心を自分以外に移すことを意識してほしいです。

　動物界ではナマケモノでもウサギでも、それぞれいろんな生き残り戦略があって、生き残ってきた理由がある。動物を師にすると面白いですよ。

Q

恋愛・結婚したいのにそれに至りません。もともと人を好きにならず、思いを寄せられることもありません。素敵だなと思っても、本気の好きではないと思います。明るい性格で、恋愛できないと思われていません。現状が恥ずかしく相談もできず、このまま人生が終わると思うと不安。どうしたら恋愛できるでしょうか？

（女性／事務職／41歳／やぎ座）

「好きにならなきゃ」の呪縛を解いて。玄関で10分無駄話から

恋愛のスタートって、大きく2種類あるんじゃないでしょうか。一つはそこに「好き」という気持ちが明確にある状態。どちらかが強く意識して、また会いたいなと思ったり。いわゆる恋愛の王道とされているのはこちらかもしれません。喧嘩をして反発しあったり、激しさを伴う恋愛です。もう一つは、友達の延長線上にある、理解者としての恋愛。

どの恋愛にも両方の成分が入っているのでしょうが、人によってパーセンテージが違う気がします。

ひと昔前の恋愛って、まるで義務教育の一環みたいなものでした。一人前になるまでに必要とされていて、恋愛について知らないと会話についていけないみたいな。でも、もう時代が違うと僕は思っています。恋愛をどうとらえるかは個人にとって大事な問題で、僕は今の恋愛って、友達に話せないことを話せる場所の一つであればいい。そう考えてもいいんじゃないかと思っているのです。

人間関係って、家族、友達、同僚、よく行く飲み屋の大将とか、いろいろありますが、それぞれの人たちと、他の人には話せない会話ができるのがいい。そこに恋愛もあって、恋愛は恋愛でそこでしか話せないこと、学べないことがあるし、恋人との間で話せないような愚痴や不満を飲み屋の大将に話すこともある。どっちが素敵かって僕は測れないような気がしています。

今、「恋愛しなきゃ」という気持ちが義務になってる人って多いと思う。仕事で疲れて帰ってきた人が、さあ恋愛しなさいって言われると、ものすごく重い残業を押し付けられてる気持ちになると思うんです。「好きな人いないの？」とか「出会い探しに行けばいいじゃん」というのは、ただでさえ頑張って平日を生きている人には酷です。

特にやぎ座は他の星座と比べて、自分を解放する時間が少ない。家に帰っても着ぐるみを着たキャラをやってるみたいな人たちで、業務感覚で明るいキャラクターをみんなの前で演じています。恋愛することも、どこか仕事のカテゴリーの一つみたいに思っているのかもしれません。

人を好きになりにくい、好きっていう感情が見つけにくい人は、冒頭の2パターンのうちの理解者・穏やかコースから攻めてみてください。例えば仕事関係で会う人と、お疲れ様でしたって言った後に玄関先で10分無駄話ができるなら、それは好きになれる可能性がある相手。

まずは「好きにならなきゃいけない」という呪縛を解くところから始めましょう。

Q

大切にしている相手に限って、追いかけることを試されているかのように、置いていかれてしまいます。何年も前の思い出を振り返ったり、相手のSNSアカウントを見にいったりしてしまいます。もう、納得できないまま大切な相手と疎遠になるのも、過去を美化して思い出すのもやめたいです。

（女性／会社員／26歳／うお座）

恋愛に疲れたら、お休みして大丈夫。恋愛対象として意識しない人を拠り所に

まずうお座の話からしたいと思います。うお座って着ぐるみ系の人たちです。同じくやぎ座の方々も着ぐるみ系なんですが、やぎ座の場合は「みんなの前で盛り上げ役にならなきゃ」って意識的にスイッチを入れる感じ。うお座はもっと自動的にスイッチが入っちゃう人が多い気がします。星座にかかわらずどの人にも「素」と「演技」があって、みんなの前にいるときと一人で家にいるときって違うと思うんですが、うお座の場合、その差が激しいんです。

それで、やってみていただきたいのが、恋愛対象になる人と会うときに、友達と一緒に会うこと。そこであなたがどう振る舞っていたのか指摘してもらいましょう。明るすぎたのか暗すぎたのか。いつもとどう違ったのか。いつもクールなのに男の子が一人いるとなれなれしくなっちゃうとか。多少傷つく可能性もあるので、優しく言ってくれる人を選んで

ください ね。

そういうときにスイッチが切り替わりすぎちゃっている人って、恋愛が長続きしない傾向があるように思います。うお座は緊張しいだから、会社とか仕事関係ではすごくサービス精神旺盛に振る舞うんだけど、家では廃人みたいになっていることがあります。スイッチを切ってもいい相手には、とことん切っちゃう。

だから、付き合う寸前までめちゃくちゃ頑張ってたのに、付き合った途端にその人の前でどう振る舞っていいのかわからなくなってしまったりもする。恋愛で緊張してしまう人は、相手のことを「一番仲のいい友達」だと思ってもいいと思います。

もう一つ、誰かを好きになるのって体力勝負の面もあります。自分が恋愛に疲れているなと感じたら、3カ月から半年ぐらい、誰かを意識するとか好きになることをお休みしてみても大丈夫。一緒にいて楽な人、恋愛対象として意識しない人だけと会う期間にするとか。「いま恋愛お休み中なんで」って周りに言っておくのもいいと思います。

これは20代のつらいところで、男性も女性も〝性〟として意識されなきゃいけないっていう強迫観念がある。だから自分の商品価値を出さなきゃいけないような場所は、すごく疲れるんです。

うお座の場合、スイッチを切ったままでウロウロできる場所を開拓しておくのもいいと思います。恋愛対象として意識しない人、おっちゃんみたいな飲み屋の大将と仲良くなるとかね。そこを拠り所にすると、もっと自分を開いていけるかもしれません。

Q

自分の心の性別がわからず恋愛ができません。男女どちらか、がはっきりせず服も言葉も一人称も中性的なものがしっくりきます。恋愛や結婚をしたくないのではなく、身体は女性なので、男性と結婚するのだろうと考えながら、自分の中身の性別を明かせるほど親しくなるまで、女性として振る舞うのがつらいです。

（女性／営業事務／28歳／おうし座）

デリケートな話だからこそ、誰にもない自分の個性になる

今の時代、自分の中にいろんな性別を持っていてもいいんじゃないか、ということについてお伝えしたいと思います。

例えば僕は普段、男性として生きています。でも占いをするときって、どちらかというと女性になっているんです。おばちゃんみたいな感じ。男性として占いはできない。男性だったら、もっとこうしたほうがいいとか相手に余計なアドバイスを伝えたがると思うんですね。おばちゃんになってるから「あー、そうなんだ、大変だったね」って聞くモードになれるんです。

もちろん完全に女性の気持ちがわかるかというと、全然そんなことはないけれど、自分の中の男性モード・女性モードを行き来できるのは、ものすごくおもしろいんですよね。

これがもし男性性だけ、いわゆる「男らしく、ロジカルに、目的意識を持って」みたいなものだけで生きていると、女性の悩み事を聞くのは苦痛かもしれない。でもおばちゃんになれると、女子会みたいなノリを楽しめるし、そういうバリエーションを持っているほうが、生きてておもしろい。

だから生まれもった性に留まりすぎる必要は、今の時代にあんまりないと思うんです。もちろん社会的な問題とか宗教の問題はあって、それはこれから少しずつ変えていかないといけないところ。

28歳だと、恋愛しなきゃ、結婚しなきゃっていうプレッシャーもあるかもしれません。性の問題はすごくデリケートです。女性として生まれたら男性と恋愛関係にならなきゃいけない風潮が今のところはあるわけですが、女性は男性から性の対象にされることに恐怖を感じることもあると思います。

もちろん価値観はいろいろだから、何言ってんの、って軽く流す人もいると思うんですよ。でも、あなたは女性の性別として生まれてきたけど、自分の中に男性性も、女性的なものも持っている。自分なりに一つひとつ向き合っていってみてください。

僕の友達でもLGBTの人たちがいます。外見は男性でも女性的観点を持っていて、男同士なら気づきにくい部分にも気づいてくれる。美意識にもこだわりがある。漫画家や小説家も性別や年齢をたくさん持っていますよね。いろんな登場人物がいて、男の人にも、小さい女の子にも、おばあちゃんにもなれる。「こうならなきゃいけない」よりも、「こうしている自分が楽」をまず見つけて、その場所を大事にしてみて。その場所を知っている人は、不思議とそこを起点にして仲良くなっていく交友関係ができていくから。

Q

私は何事にも目標に向かって一心不乱に努力するというやり方しかできません。うまくいくこともありますが、本当に自分が叶えたい大きな目標のときは、うまくいかないことが多いです。力を抜いて努力する方法や、物事を成功か失敗かで捉える思考回路を変えるアドバイスをお願いします。

（女性／公務員／29歳／しし座）

「認められなきゃ」から離れて。休日何してる？に答えられなくていい

肩の力が抜けないときに何が起きているか。それは「認められなきゃ」っていう言葉に集約される気がします。周囲の人に自分の存在を認めさせたい、そういう戦いになってしまっていませんか？

人生で多くの人が肩に力が入る体験を最初にするのが、受験だと思うんです。親から「勉強してんのか」って言われて、評価や成果を出していかなければいけない、って肩に力が入る。

肩の力が入ることにはメリットもあって、好きなことでも嫌いなことでもある程度無理やり頑張っていけば成果は出ます。

ただ20代後半ぐらいからは、肩の力を抜くことが大事になります。どうしてかというと、まず、体力がなくなるから。24時間頑張り続ける体力がなくなってきて、どこかで力を抜かないと精神的にも肉体的にも持たない。

急に糸が切れたような状態になったら、そ

れは「認めさせなきゃ」から離れないといけないタイミングです。離れるために必要なのが、豊かな自己満足の世界を持つこと。

ところで、あなたは他人から「休日何してる?」って聞かれたとき、すぐに答えられますか?

これは実は、豊かな自己満足を持っているかどうかのチェック項目です。

答えられる人は、肩の力が抜けていない、社交モードの人です。逆に、「えーと、何やってたっけな……」って5秒ぐらい悩む人は、肩の力が抜けている人。ロクでもない時間を過ごしているから、人に説明できないんです(笑)。肩の力が抜けてくると、インスタグラムのストーリーズの更新頻度も下がります。人に説明するまでもない休日を過ごしているってことだから。力を抜くことって、別にだらしないことではないです。厳しい生存競争を生き抜くための、一つの生存戦略だと思います。

しし座って、僕はすごく尊敬するんですが、なんでも業務にしてしまう気合があって、スイッチを切りたくない人たちです。

昔会ったしし座の人で、仕事が激務で3年ぐらいスーツを着たまま寝ている人がいました。パジャマに着替えてしまうと、スイッチが切れてしまうから。それはすごくしし座っぽいですが、力を抜くときはあえて、物理的に気を抜くのがいい気がします。例えば服装を変えてみる。自分の中でここから先は休むぞって決めたら、パジャマにちゃんと着替える。そのままコンビニに行ける格好は、パジャマではありませんよ。

岩田剛典さんも相談しました

「仕事と自分」について の悩みです

いわた・たかのり
1989年生まれ、愛知県出身。EXILE、三代目 J SOUL BROTHERSのパフォーマー活動を中心に、俳優業、CM出演等、各方面で活動。

しいたけ.　どうですか、最近。お悩みありますか？

岩田　いっぱいありますね。

しいたけ.　あるんですね。

岩田　やっぱり仕事の悩みが一番大きいかな。年齢的にも。俗に言うセカンドライフみたいなことを考える年齢だったり、タイミングだったり、立場だったり。前回しいたけ.さんにお話伺ったときも、同じようなことを悩んではいたんですよね。

しいたけ.　うんうん。

岩田　芸能界って個人商店なんだけど、自分の場合個人商店じゃないところもあって。芸能界でずっと存在し続けるってなかなか難しいことで、うちの事務所では、新陳代謝を繰り返してきました。体の限界が来るまでやるのもひとつの選択なんだけども、引き際とか、セカンドライフを充実させるために今のうちから行動したほうがいいんじゃないかとか。ちょっと真面目な話ですけど、そんなことをすごく悩んでいて。

しいたけ．　ああ。

岩田　それでこの間、新しいプロジェクト*を始めるという発表をさせてもらって。頭の中に何年もあったんだけど、世の中にパッと出せたことでちょっと楽になりました。自分の覚悟を分かち合ってもらえる気がして。（＊編集部注：ソロプロジェクト「Ｂｅ Ｍｙｇｕｅｓｔ」の立ち上げを２０２１年7月16日に発表）

しいたけ．　スッキリした感じなんですね。

岩田　ずっと「言ったらどう思われるんだろう」って、外部に対しても社内に対しても。これを僕がやることで、例えば先輩はどう思うだろう、僕に関わる人たちにどういう影響を与えてしまうんだろうと考えたりして、発表するまでドキドキしました。発表したあとは気持ちが明るくなって、「言っちゃったからにはもうやるしかねえ」

みたいなモードです。ワクワクしてるというか。

当たり前をそろそろ問い直してもいい

しいたけ． 僕ね、テレビ見てても岩田さんってすごく目を引いて。なんか「あれ、少年が交じってる」みたいに見えるんです。例えば海外から日本に旅行に来てる人の目つきっていうんですかね。岩田さんの目つきって彼らと同じ。どういうことかというと、未来に向かってる人の目つき。旅先で「今日をどう楽しんでやろうか」みたいな。

岩田 あはは。

しいたけ． 僕もそうですけど、日本の人って過去志向じゃないですか。親とかここまで自分を引き上げてくれた諸先輩とか、その志を受け継ぐことを大事にする。新しい何かを始めたり、新しい明日を作っていくことに対して「どうしてこれをやるのか」の理由を全部説明して、「ごめんなさい」って一回謝らなきゃいけない文化みたいなのがありますよね。ワクワクしてる人が謝らないといけないっていう、独特の。

岩田　日本ならではですよね。

しいたけ.　「面白そうだから」という理由だけで動く人って、やっぱりちょっと変人扱いされる。そういう日本において、明日からどう楽しんでやろうかっていう人が、起業のようなことをしていく。で、結論から言うと「戦うしかない」っていうことなんだけど（笑）。面倒くさいなって思うこともやらなきゃいけないっていう。

岩田　そういうフェーズに入ってる気はしますね、うん。僕はどの活動でも結構悩まされるところでもあって。やっぱりいまの活動は自分の行動力だけでは成立しない部分もビジネス的にあります。でも今までやってきた「当たり前」をもうそろそろ一回問い直してもいいというか。「何となく今までやってきたから」「そういうものだから」って言われても、「効率悪いよなこれ」って思う自分もいる。でもそれは言わないようにしてきた。これは社会に生きる上で、会社員だったりしたらみんなありますよね。でもそれが年齢と共に「そんなことに自分の時間使っていいのかな」って焦ってきちゃって。

しいたけ.　今はもう昔と違って、順番待ちしていれば天国にたどり着くっていう神話みたいなものを、誰も信じなくなっていますよね。じゃあどうするっていう時に、一番初めに行動する人が批判されたりバカにされたりしちゃう。例えば週3で東京に住んで週4で違う場所に住むライフスタイルってもう遠くない未来にある気がするんですよ。二つの仕事をして、違う分野から学べることもたくさんある。個人商店の人たちが出てくることが求められてるけど、そのルールがまだできあがってないのかも。

岩田　日本の社会の仕組みは特に、成功も失敗も上にケツ持ってもらうみたいな感じがあると思うんです。でも、アメリカ的な完全実力主義の世界、成功も失敗も自分に責任がある、っていう方が僕はわかりやすい世界だなと思っちゃうタイプ。ダメだったとき、うまくいかないときにも自分で気づけるから。結構過激なこと言ってますけど大丈夫かな（笑）。

しいたけ．　うん（笑）。

岩田　グループにいることは今の自分を構成するすべてだし、今まで培ってきたもの、時間、経験は重要であることは間違いないけど、グループの中でも、人って一人ひとり全員違うから、それぞれ役割があるって思ってて。僕の役目、僕がプラスにできることがだんだん減ってきた気がしていて。

しいたけ．　今、話を聞いてて、おそらく岩田さんって、喧嘩がしたいのかなと思って。一般的に、組織から自立するのって1人の力では難しい。「岩田なんかより俺のほうが絶対うまい」「岩田を追い越すぜ」っていう下が出てきて、喧嘩をすることによってバトンを渡せるっていう面があるじゃないですか。今って良くも悪くもそういう喧嘩がなくて、相手をリスペクトして相手のすごさを理解しようとする文化。もちろん素晴らしいことなんだけど、ガチンコファイトクラブ的な文化って、あれはあれでメリットがある。でも新しい事業なら、初心者として喧嘩ができるかも。

岩田　でも僕、基本的にはあんまり波風立てたくないタイプなんですけどね（笑）。

とんでもない空白を、今後どう力に変えていくか

しいたけ．　あと2020年って、多くの人たちがやっぱり目安の年にしてきたと思うんですよね。一つの区切りにしようみたいな感じで。

岩田　まさに三代目JSBは2020年が10周年で。2年ぐらい前からそこに向けて準備してきたのに、それがうやむやになっちゃって。じゃあ1年後ろに倒してそこで完結しましょうっていうわけにもいかない。その1年で変わったものが大きくて。

2020年がそれまで通りに動いてたら、今の僕はもう違う職業になってたかもしれないし、このプロジェクトを動かすマインドになっていなかったかもしれないって思うんです。うちはライブ事務所だから、ライブが完全復活にほど遠い今の状況は、なかなか厳しい状況もあって。状況が変わりすぎちゃって、どうやって食っていくかをゼロから考えないといけなかった。

しいたけ.　今の状況ってみんな、本当は2020年にこれをやるつもりだったっていう、とんでもない空白と鬱憤がたまってる。でも物事って悪いことだけじゃないから。鬱憤はネガティブなものだけど、今後時間を動かしていくときに、この空白の1年を、鬱憤をどう使っていくのか。僕はそこに興味と楽しみもあって。自分が「これから先何をしていかなければいけないのか」と聞かれたときに、具体的なことはまだ全然わかんなくても、なんとなくもがきながら答えていけそうな気がするっていうか。僕の肌感覚だけど上の人たちはあまり答えを持っていないようにも見える。別に鬱憤の力をその人たちを責めるのに使いたいわけではなくて、「もう甘えちゃいけないんだな」と思うし、あと「自分で答えを出していっていいんだな」って思えるんですよね。

岩田　会社に入ってから今までは、枠組みの中で会社からもらった仕事を引き受けてやる、1を大きくしていく作業だったんです。それが初めてゼロを1にする、自分の行動でアウトプットまでやることができた。失敗の可能性も大きいと思います。でも初めて自分が責任者として請け負うプロジェクトが動き出して、新鮮だしやりがいも感じる。コロナがなかったら多分なかったから、不思議だなぁって。

しいたけ.　あともうひとつ。やっぱり僕は「人」が鍵だなと思っていて。人と会えないことがこれほどまでもダメージになると思わなかった。「何かやりたいんだよね」っていう時に「面白そうじゃん、それ」って言ってくれる太鼓持ちって絶対必要（笑）。

岩田　確かに必要ですね。それで動けることもあるから。

自由を手にするために生きてるのかな

しいたけ.　普段、ストレスとかはどうしてるんですか。

岩田　自分にとってストレスだと感じることがはっきりしてきてるので、もうそういうものとかかわらない。人付き合いも、誰と付き合うかより誰と付き合わないかを考えるようになりましたね。そうすると自然に「あ、やっぱ必要ない時間だったんだ」

と感じることが多くて。合わない人と接して学ぶものってあんまりないと思っちゃう（笑）。

しいたけ.　そうだと思う。

岩田　なんか最近ね、自由を手にするために生きてるのかなと思うんですよ。生まれた時からみんな何かしら制限があって、コンプレックスがあって、そんな中でちょっとでも自由に近づくために生きてるのかなって。本当は言いたいこと言って、やりたいことやりたい。そういう生き方ができたらいいけど、なかなかできないし、実現するにはいろんなものが必要で。「当たり前」に対して「効率悪くない？」って言えるようになるのも自由になることだし。いろんなものに気を使わずに生きていけるようになると、周りにも優しくなる。それはすごく豊かなことだなと思うんですよね。

しいたけ.　スマホやパソコンって、毎年最新機種が出てきて、それをどんどん追いかけてきたじゃない？　でもだんだん追いかけているものが正解じゃなくなってきたというか、ただ画質が良くなる、読み込み速度が速くなるみたいな高機能化にもう限界が出てきた。自分なら次のパソコンとか次のスマホに何を付けたいか、面白がって言える人たちが増えたら、そこに多分新しい正解が出てくるんだと思ってしまうんです。バカげていたり、「どれだけコストがかかるんだ」って言われるかもしれないけど、「もうちょっとバカでもいいじゃん」と僕は思う。だってそういうバカげた熱気があるからこそ、人って「その人を見届けたい」と思うわけだから。どの業界でも言えることなのかもしれない。

岩田　そうですね。なんかすごいアドレナリン出てきました。かなりハードな相談になっちゃったけど大丈夫でしたか？（笑）

しいたけ．　楽しかったです。いろいろ吐き出してくれて、ありがとうございました。

「私には何もできない」無力感の正体

2020年から続いてきたコロナ禍において、多くの人が物理的にも精神的にもダメージを受けてきました。その中で、僕が今一番書きたいことは、タイトルにもあるように「私には何もできない」という無力感についてなのです。

僕たちが自分の人生を生きていく上で、いくつかの「うっ」となるダメージがあります。そのダメージの中でもトップ5には入るんじゃないかと思われるものとして「私には何もできない」という無力感がある。

ここから先に書くことで、少しだけ「うっ」となる方がいらっしゃるかもしれないです。先に謝らせてください。ごめんなさい。でも、ちゃんとフォローをしていくので怖がらずに読んでみてください。

改めて、無力感を感じる時って、どういう時なのでしょうか。たとえば、ある事情があって、仲が良かった人にこちらから連絡をすることができなくなってしまうこととか、自分の人生の中で起きてしまうことがあります。そういう時に感じる「底のないような無力感」ってやっぱりすごいじゃないですか。もしくは、自分の大切な人の愚痴を聞いて、何もしてあげられない時なんかも。または、自分自身の中で挫折をしてしまった時とか。そういう時に「私には何もできない」と無力感を覚えて、傷ついてしまうことがあります。

でも、ここで大事なことを言いたいのですが、「無力感」と呼ばれるものには、実は正体があるのです。

無力感の正体。それは「責任感」です。もっと言うと、「ある問題を解決できない自分の非力さを呪う責任感」なのです。

たとえばなんですけど、ある人に連絡が取れなくなってしまった時に感じる無力感。それは「もっとこの人の話を聞いてあげたかった」「もっと力になってあげたかった」「この人と一緒にいて、自分はあんまり成長できなかったかもしれない。申し訳ない」という、色々な感情とか気持ちが出てくるんだけど、一番傷つくことって、「自分にはもう解決の権利がなくなっちゃったこと」かもしれないのです。二人の問題が、二人の問題ではなくなってしまった。

だから、先に結論を言うと、「無力感」を感じる人って、すごく責任感がある人です。そして、成長の意欲があって、さらに、やさしい。「自分が一緒の立場になって、解決してあげられなくなったこと」をすごく残念に感じているから。「さ、次！」と言えない人なのです。

人は、自分の力によって解決できないことがあると傷つきます。その「解決」に対して、自分が「力になれない」と感じると、傷ついてしまう。

傷つくことは責任感とやさしさの証しです。でも、何度も真正面からの「無力感という傷」を受け取ってしまうと、やっぱりすごく疲れてしまう。無力感や傷は、たまには「かわす」必要も出てくるのです。

ここで言いたいことがあります。

占いをやっていて本当に思うのですが、「根本的な解決」ってけっこう「運」の領域なのです。解決に向けて「風が吹いている時」は、当人たちが思っている以上に上手く物事が進んだりする。でも、そんなに都合よく「風」が吹くことはなかったりするから、問題は全部を背負いこまずに、「風を起こしていくための準備」をしていくことが大切になります。その準備のひとつとして「1%のそよ風を入れる」というやり方があります。

たとえばなんですけど、長年家族との関係に悩んできた人がいたとして、その人は「自分の向き合い方が足りなかったのだ」と思って、さらに当事者同士で向き合う方向に行って、もっと空気がどんよりしてしまうことがある。でも、たまたま友達に誘われて帝国劇場に観劇に行ったら「こんなに世の中に美しいものがあるのか」と感動し、久しぶりに鼻歌まじりで夕ご飯を家で食べた。そしたら、その「鼻歌」がその家族の雰囲気を1％変えるきっかけになるようなこともあったりする。他の家族も「あの人は鼻歌を歌うんだ」と気付けたりするから。

「ある問題に対して自分が活躍して、その問題解決に向けて私は60％ぐらい貢献した」と想像するのが、人が頭の中で考える「解決」であったりします。でも、問題の解決って「小さい1％のそよ風の積み重ねがあって、その積み重ねが風を起こしていく」みたいなことも多い。

誰かの愚痴を聞いてあげて「私には何もできないな」と感じたとしても、実は愚痴を聞いてもらえた方はそれだけで救われるなんていうこともあるのです。根本的な解決じゃなくても、数分でも、その人の周囲に風を通してあげることが救いになることもあるわけだから。そしたら、「1％ぐらいの貢献」はちゃんとしたはずなのです。「何もできないけど、誰かのために祈る」。これも、1％の貢献です。すぐにはなんとかできない。でも、微力ながら力にはなりたいと、目をそらさないで心に留めること。これが「無力感」に対抗するための、「1％の貢献」の意思です。それを持っている人って、もうちょっと自分を誇って良いと思うし、何かに対する「1％の貢献」の意思は、間違いなく「無力感」を軽減させる力を持っていきます。

「解決」を背負い過ぎると、その人は空気が流れない場所に長く居続けようと努力をしてしまいます。でも、解決に向けての「我慢」って、やっぱりそれもずっとやっていてしまうと自分が壊れてしまいます。律儀にずっとある「停滞感」の中にいるのではなくて、意地でいいです。「1カ月に1回は好きなことをするぞ！」という時間を持ってほしいのです。「この時間がなければやってられないわよ」という姿勢はあっていいのです。

楽しむって、意思です。だから、ちょっとだけそれを発動していくのに力がいります。

重さを感じたら、空気を変える。10分の散歩でも良いです。悪い空気、「これは考えてもすぐに絶対答えが出ないだろうな」という場所に留まり続けないこと。問題を解決していくためには「無責任への意思」も必要です。「無責任」とは放棄じゃなくて、動き回ることへの意思だから。悪い場所に留まり続けるのではなくて、自分で動いて空気の循環をはかる。責任感が強い人ほど「悪い空気の場所に留まり続ける」をやっちゃうから、無力感を覚えたら、「これもまた過ぎ去る」と言って、空気を変えてみて。空気が良くなってきた時が、挑む時だから。逃げちゃうことも必要です。「私にどうしろっていうんだよ」と乱暴な言葉を吐くことも必要。白黒ハッキリするためには、その場に留まり続けない。動き続ける。気になっちゃうけど、それ以外の時間をより一層丁寧にやってみる。

人生の熟練者と呼ばれるような人たちはおそらく、動きながら「風向きの微小な変化」を感じ取ろうとするものだから。少しずつ、失敗しながら、誰でも風を起こしていくことができますよ。

休むことは創造的
旅先の漁港でサバ煮定食を
食べるのもよし

ROOM 2

Q

食べ物や趣味、好み、人間関係（恋愛・友情）において依存体質であると感じています。変化を恐れたり、人間関係に関しては他人を自分の心の拠り所にしたりしてしまいます。もっと変化を恐れない、そして自立した人間になりたいです。

（女性／学生／21歳／いて座）

いい依存は「ご褒美のケーキ」みたいなもの。傷ついたときのルールを決めて

人は、多かれ少なかれみんな何かに依存して生きていると思います。依存していたほうが健康でいられるからです。

例えば恋愛はまさに他人に依存する行為で、恋愛という場所は、多少は依存しないと楽しくない。じゃあ、「いい依存」と「悪い依存」って何かというと、自分にとっての「ご褒美」にできるかどうかだと思うんです。

ケーキが大好きな人がいるとします。甘くておいしいけど、1日3回食べちゃうのは健康によくない。でもここぞというときにケーキを食べるために頑張る、とご褒美にできるのは、いい依存だと思います。悪い依存は、主食を取らずにケーキを食べてしまう人。

「誰にもわかってもらえない」と寂しく思ってしまう時は、悪い依存に寄っていきます。なぜなら、その依存をしている時には価値を感じない自分を忘れられるから。恋愛の依存は「相手に何かをやってあげて、価値を認められたい」と思う気持ちからもきます。「私のことなんて誰にも理解してもらえないだろうな」という気持ちは厄介です。依存によって寂しさを埋めるか、誰かに対していつも怒っている状態になりやすいのです。そういう時は「自分のために簡単でいいからおいしいご飯を作る」のがいいです。「何かをやってあげる」を、まず自分に優先してやってあげる。

いただいたご相談のメールですが、「自立した人間になりたい」という部分を深読みすると、傷つかない人間になりたいという意味なのかもしれません。あなたはおそらくご自身が傷つきやすい人間だと自覚しているのだと思います。でも、傷つかない人間にはならなくて大丈夫です。傷つきやすい人ほど、傷つく許可を自分に与えてほしいです。

「こんなことで傷ついてはいけない」と頑張ってしまうと、ダブルで自分を傷つけることになるから。自分は傷つきやすい人間だって思えると対処法が見えてくるはずです。

多くの人におすすめしたいのですが、傷ついたときのルールを決めておいてほしいんです。ちゃんと傷ついていいんだけど、2日間傷ついたら満足するってあらかじめ決めておく。

生きているとすごく落ち込む時もあります。その時に「落ち込むポイントは二つまで」とルールを持ってみて。「あれもこれもダメ」と、そこまで自分を責めると「ここまで頑張ってきてくれた自分」に対して失礼にもなってしまうから。落ち込むルールを決めて、三つ以上「いろいろダメ！」と否定しそうになったら自分を止めてあげてください。

Q

友達関係で悩んでいます。仲のいい4人組でしたが、私を除く3人が楽しく遊んでいたのを見て、3人のほうが楽しいのだろうなと思うようになり、いづらくなりました。話す話題にもついていけないし、3人で盛り上がっているので、そっと抜けたい気持ちになります。本当の友達って何なのでしょう？

（女性／事務員／23歳／おうし座）

他人に合わせすぎなくて大丈夫。変な柄の靴下で反抗を

まだ23歳でこういう疑問を持つのは素晴らしいと思います。20代前半は自分も他人も、激しい競争の中にいます。友達にしろ恋人にしろ、自慢できる人であってほしいし、自分もそれを求められてしまう。センスとスペックで見たり見られたりしがちです。

でも、そこできちんとドロップアウトした人たちが30歳を過ぎてからすごくおもしろい人になっていく姿を僕はたくさん見てきました。その人たちは、自分だけの世界を持っている人たち。他人に合わせてばかりいると、自分の大切なものがわからなくなっていきます。そうではない自分の世界を持っていると、逃げ場所があるしストレスにも強い。

今の時代、みんなが自分のスペックを上げていかないといけないという強迫観念を持っています。本当の友達って「商品価値ゼロ」でも会える人のことだと僕は思います。用もないし、なんの得にもならないけど、お互い

仲良し４人組に私必要？

好きだから、一緒にいる。話さなくても盛り上がらなくても一緒にいられて、自分を出せる相手。

おうし座について少し話すと、人生の転機で居場所がなくなっていく感じを覚える人が多いです。

学校や会社で、会話についていけなくなって、ちょっと自分が浮いていく感じ。周りが幼稚に思えてきて「みんなで○○しようね」という言葉についていけなくなるときがあります。それで反抗していくというか、自分の世界を作っていく人たちが多い。だから大丈夫、すごく順当な流れにいると思ってください。

僕は、その人のおもしろさを削ってしまうものって、やっぱり会話に合わせることだと思うんですね。今の時代、特にネットの世界では、何か変なことを言ったらすぐ総攻撃を受ける。みんなが正解だと思う回答をしないといけないと思ってしまいます。でも「私はこう思う」と言える人って、周りと違う自分を持っているし、一人の時間も持っている人だと思うんです。

ちょっと変なことを言いますが、バッグの中とか見えないところに、変なぬいぐるみとかを入れておいてみてください。気持ち悪い柄の靴下を履くのもいいと思います。そうするとその雰囲気、「ちょっとこいつおかしいぞ」っていうのが外に出てくるから。外から見えていなくても、自分自身が「今日は変な靴下履いてるぞ。会社に対する反抗だぞ」って意識してるから、漏れ出してきちゃうんですよね。

そういう変な人同士が響き合って、友達になれると思います。

Q

息子(21)のことで悩んでいます。幼い頃から極真空手を習い、病気の弟には優しい子に育ってくれたと思います。大学を中退し、警察官になり、勤務3カ月で退職しました。遅刻・欠勤が原因です。その後バイト先でも遅刻を繰り返しているようです。私だけでも彼の味方であろうと思いましたが、甘やかしでしょうか。

(女性／44歳／ふたご座)

身近な人が問題を抱えたときは希望を押し付けるより自分を見直そう

こういう相談、これまで多く受けてきました。多くの人が勘違いしているのが「味方である」という言葉です。傷ついてきた人間にとって、味方ほど怖いものはないんです。味方って2種類いて、一つは、「どんなに落ちぶれようがこの人のすごくいいところを知っているから、私はこの子が好き」って言える、無条件の味方です。もう一つは「あなたがこういう振る舞いをしているなら、こういうパフォーマンスを上げているなら味方をしてあげる」という条件付きのもの。後者は、悪気がなくても、とても怖い存在になってしまいます。

想像ですが、息子さんは、彼なりに悩み傷ついている可能性があります。

僕は、ご相談いただく文を読むときに、1行目に何があるか、人のことをどう紹介するかを見ているのですが、今回のご相談でいえば「幼い頃から極真空手を習い」とある。ごめんなさい、僕はそこに「この子は本当は強い人のはず」というプレッシャーを感じてしまいました。

身近な人が弱ってしまったとき、接する人たちが、「昔はこうだったのだからこうあってほしい」という希望を押し付けるのは、本人にとって結構キツいかもしれないです。情けないことをしていると自分で百も承知しているときに、「なんでそんなことしているの」と責められたら、もうつぶれるしかない。彼らが必要なのは、放っておかれる時間です。

親子関係の悩みが厄介なのは、子どもの問題を、親である自分が否定されたと感じてしまうところ。育て方を間違えたんじゃないかと焦って、もう一度教育し直そうとする。

でも、あなたは子育てに関して一生懸命やってきたはずだし、それは正しいとか正しくないとか、そういう問題ではありません。息子さんに声をかけるとしたら「そうだったんだ」「私に何かできることある?」、この二つの言葉だけにしてください。事情は、本人にしかわかりません。

身近な人が問題を起こしたり落ち込んだりしたときは、自分の人生について考え直すときでもあると思います。自分と縁があって近くにいる人は、自分の人生にも多大な影響を与えます。バリバリ仕事をしていた人でも、例えば配偶者が病気になったら、自分の働き方を見直すときでもあったりする。「この人さえよくなってくれたら……」と自分の希望を押し付ける側の人間になるか、「私の生き方自体を考え直すときなのかも」ととらえられるか。見方を変えるほうが、最終的に幸せに近づくように思います。

Q

今まで付き合ってきた人がみんな、世間で言うところのクズと呼ばれるような人たちです。私は彼らを嫌いになれず、周りからは「なんで?」と言われてしまいます。私は自己肯定感も低く、私を好きになってくれる人は彼が最後かもと思ってしまうし、普通の恋愛や幸せがつまらなく見えてしまいます。

(女性/デザイン関係/25歳/さそり座)

子どもの部分を残した人はヒーロー。「マシュマロ」の時期を大事にして

いわゆる「クズ」と言われる方々とお付き合いする時期。僕自身の感覚では、それは必要なことだと思います。なぜかと言うと、「クズな人」は競争社会のオアシスだから。

20代はプライベートでも仕事でも激しい競争の中にいます。どう評価されたとか、どんな店に行ったとか、自分に何ができるのかをずっと突きつけられる。恋愛までもスペック的なもの、人に自慢できる恋愛をしなきゃいけないとなってくると、疲れ果てる人も出てきて当然なのです。

みんなが成長して社会に適応しなければいけない。もちろん逃げられない部分はあるけど、「どこかで子どもの部分を残している人」の存在も僕は貴重だと思うのです。

みんな何らかの矛盾を抱えながら社会に適応しなければいけないとき、その人たちはヒーローに見える。クズはクズでもちゃんと「この部分はきっちりやる」とプライドを持

った人は大成する可能性があります。

競争社会の砂漠の中で見つけたオアシスでは、ご飯にマシュマロしか出てこないかもしれない。でもそれはね、食べ続けてほしいんですよ。食べ続けていると、「そろそろタンパク質取らなきゃ」という時期がきっと来ます。

さそり座は僕の大好きな星座の一つなんですが、ものすごく社会的に立派なことをしていても、彼氏がクズとか、バランスを取っている人たちです。立派であるためには、ものすごくいろんなコストを払わないといけない。そのコストを回収するには、何も頑張らなくていい、フィクションの世界も必要だから。

そういう恋愛ごっこに付き合ってくれるのもクズの人たち。恋愛においてクズ発言が許される時期は、ものすごく楽しい時期です。

歌い手＝私、観客＝彼氏、みたいな二人だけの世界。間違った回答かもしれませんが、僕はその時期を大事にしてほしいと思うんです。だって、後からやろうと思ってもできないから。クズって時間を止めてくれる存在だから、年齢を重ねて「人と同じように自分も立派にならなきゃいけない」というプレッシャーをはねのけられる。それはすごくありがたい時間とも言えます。

普通の恋愛がつまらなく見えてしまうという、あなたの言っていることは真理です。恋愛ごっこが恋愛になり、パートナーシップになると、生活に比重が移っていき、業務報告の割合がどうしても増えざるを得ない。でもそれが幸せに見えてくるときもあるはずです。そろそろマシュマロじゃないな、と。

Q

過去の記憶が時々よみがえって苦しくなります。20年以上前のことでも、母や姉などからされた嫌な思いを思い出しては傷つき、他人へ嫌な思いをさせてしまったであろう出来事を思い出しては自分を責め、苦しくてたまらなくなります。どうすれば前に進むことができるのでしょうか。

（女性／会社員／26歳／ふたご座）

前に進まない選択肢も大事。強いフリから、本来の自分に戻すとき

いろんなハードな仕事が終わって一息ついたときに限って、風邪をひいたりしますよね。なんでこんなことを言うかというと、風邪と同じで、自分が傷つくことができるタイミングで「傷」はやってくるものだと思うんです。

過去を思い出して、苦しくてたまらないのは、いま過去の時間をやり直しているから。その出来事の最中にいたときは、苦しくても前に進まなければいけないから、傷つく暇がなかった。

傷つけられてきた人は、人を傷つけることに敏感になることができます。それをやり直すのは苦しいかもしれないけど、そこにたどり着いたあなたは立派だと思います。

最近僕は恋愛について考えることが多いのですが、恋愛はただ好きって言い合う関係じゃなくて、「自分ってこんな嫌なやつだったんだ」と気づかされる関係という面もあります。友達とは違う、壁が取っ払われた関係性

だからこそ、他では見られない自分の姿が見えてしまう。恋人を何げない一言で傷つけてしまった。なんであんなことを言ったんだろう、とひもといていくと、自分が言われたひどい言葉までよみがえってくる。

どうしたら前に進むことができるでしょうか、と聞かれることは多いのですが、お伝えしたいのは、前に進まない選択も大事だということです。無理にいろんなスイッチを起動して前に動かそうとすると、ドツボにはまることがある。「苦しいけど、大事な問題。そばに置いておこう」という気持ちでいてください。

20代って本当に大事で、「自分はこういう人間」と思っている姿は、自分で決めた「あるべき姿」だったりします。でも何かをきっかけに、本当のもろい自分が出てくるときがある。ヘビー級で戦ってきたことを自負していたのに、キツくなってきたり。特にふたご座はそういう時期が急に訪れる人が多いですね。それはすごく大事。強いフリをしてきた自分を本来の階級に戻していくときだから。

みなさんにお伝えしたいのですが、我慢できなくなった時、「こんなことぐらい」って思わないでほしいのです。我慢できないという方向から繋がっていく道を探してほしい。毎回参加していた飲み会がキツくなってきたら、飲み会をやめてジムに行くとか、読書の時間に充てるとか。そのほうが人生が次に繋がる。今まで耐えられていたことに耐えられなくなるのは、自分の価値観が大きく変化している、ととらえてください。

Q

就職活動で失敗続きです。一番の原因として考えられるのは、幼少期から「極度のあがり症」で自己表現がうまくできないこと。あがり症の強い吐き気がなければ、スムーズだったかもと考えて、周りと比べて劣等感の塊でしかないと感じています。些細な失敗を強い自己否定に変換しないためにどうしたらよいでしょうか？

（男性／学生／21歳／やぎ座）

弱い人の味方になり続けてください。「優しさの逆転現象」が起きます

やぎ座で、あがり症・自己否定に悩む人はまあまあ多いような気がします。やぎ座の人たちがスタートラインに立つために、という話をしたいと思います。

極度のあがり症や自己否定をなくすために試してみてほしいこと。それは、弱い人の味方になることです。街に出たときや電車に乗ったとき、困っているお年寄りがいないかどうか探す。道に迷っている外国の人がいないかどうか探す。そうして例えば電車でお年寄りに席を譲ってあげて、「ありがとう」って言ってもらう。

そうやって「自分が救ってあげたおじいちゃんおばあちゃん」という「味方」を増やしていく。友を増やすというイメージです。もう会うことがない友を増やしていく。

面接は、自分の強みという、自分の中で築き上げた一番強い部分を説明しなきゃいけない場とされています。でも自分の弱いところ

を説明するのも、今の時代、ちゃんと武器になると僕は思うんです。

心の中だけでもいいから、「おじいちゃんどこ行くの」って気にかけてあげることができると、競争以外での魅力や強さが備わっていきます。

強い自己否定を持っている人は、自分より弱いものに丁寧に接することができる人です。弱い人を放っておけない。それは間違いなくあなたの大きな武器になります。

この人は何に困ってるんだろうとか、何をしたら喜んでくれるだろう、そういう細かいところを観察し続けて気にかけてあげているよ、いずれ必ず逆転勝ちが起きます。

「優しさの逆転現象」と僕は呼んでいるんですが、20代前半までは自己主張がはっきりできる、わがままな人が強いかもしれません。

それが就職活動という場では目立つし、就活は人生の一つの大きな関門なので気にしてしまうのも仕方ないことです。でも、ちゃんと自分の優しさにプライドを持って細かいことに気づいていれば、必ず引き上げられます。

初対面での自己紹介が上手い人とか、調子よく自分のことしか考えなかったりする人よりも、自分のことをちゃんと考えてわかってくれるこの人に重要な案件を任せよう、と思う人が現れるはずです。

就活は「なんでこんなことをやらなきゃいけないんだ」とも思うけど、「相手のことをどれだけ知っていこうとできるか」という戦いの場であったりもします。落ちたら0じゃなくて、知ろうとしたデータとか、角度は後にもちゃんと残っていきます。自分なりにやり切って！

Q

2019年は、厄年でもないのに大好きな彼と別れてしまったり、気分が落ち込むことがありました。職場でも「最近、元気ない？」と言われるほどです。早く19年が終わってほしい。元号も変わりましたが、関係あるのでしょうか？　今までにないくらいつらいけど、喪中なので神社にも行けません。この状況をどう抜け出せますか。

（女性／工場勤務／29歳／ふたご座）

つらいときは淡々と傷つくのがいい。自分に「お疲れ様でした」と言って

元号の切り替えとかもそうですけど、例えば4月の新学期とか、新しい年度において上手く次の波に乗ることができる人と、そこでつまずいてしまうことがある人とかも出てきてしまうと思うのです。そういう時にお伝えしておきたいことがあって、やっぱり運ってどこか「波」なのです。だから、運の波が下がった時に無理にポジティブにならないで、「ちょっとここはキツいかもしれないけど、一緒にやっていこう私」と、自分に声を掛けてあげてください。

その上で、自分にとってきつい体験や不幸な話って、ネガティブな面だけではない気がするんですね。

無理やりいい話に結びつけるつもりはありませんが、そういうときに自分の中で何が起こるかというと、「層」ができます。性格にグラデーションのようなものができる。それまで元気キャラでやってきた人に、元気以外

の表情が加わって、それが思いやりや優しさといった魅力になっていく。

つらいことがあったときは、あまり感傷に浸りきるんじゃなくて、淡々と傷つくのがいいです。ちょうど年も変わるときなのでオススメしたいんですが、3年手帳とか、複数年にわたる手帳を取り入れてみるのもすごくいいと思います。

この1年間ぐらいの期間、ろくなことがなかったとしても、3年手帳だと来年、再来年に対して具体的に希望が持てます。来年になったときには、「去年はこういうことで落ち込んでいたな」ってわかる。客観的に見て、きつかったことをちゃんとポジティブに変換できるんです。自分の中の「層」をビジュアル化できるっていうのかな。それがすごくいい。回復につながっていくと思います。

それと、神社の話が出たので、「祈り」についてもお伝えしておきたいと思います。「祈り」というと、「いい年になりますように」ってポジティブにならなきゃいけないものと勘違いしている人が多いのではないでしょうか。

神社に行かなくても、ただ手を合わせ自分に対して「ご苦労様」と労うことも祈りであるし、そこが僕は大事な気がしています。

つらいとき、「頑張ります」って言えない自分がいてもいいです。お疲れ様でした、ここまでよくやってきました、って言うだけでいい。

特にこういうきついときは、神社で何かを新たに祈願するより、喪中でも行けるお寺でお線香の匂いをかぐくらいがいいかもしれません。その匂いが心を落ち着かせてくれますよ。

Q

会社勤めをしていましたが、過労で休職することになり、ジャズボーカルの勉強を始めました。目標ができ、プロになりたいと強く思っています。夢や目標を叶えるための心がけについて、アドバイスお願いします。

（女性／会社員／37歳／おとめ座）

夢や目標を叶えるには生活環境を改善。「ちゃんと」より「ちょっと間違える」

夢と目標の叶え方について、僕なりの考えを話します。

夢や目標ができるとき、いちばん初めにあるのが「感動」だと思うんです。今まで生きてきた世界に色が足されたような感覚。あ、こんな素敵な世界があったんだ、ここで自分も頑張ってみたい、と思う。それはとても素敵なことですが、感動して「何かやってみたい」と元気になっているときだからこそ、やってほしいことがあります。

それは生活環境の改善です。

なぜかと言うと、夢を目指しているときって、どこかのタイミングで「元のままの自分」を発見すると落ち込んでしまうんですね。結構そのダメージって大きい。そのために、生活環境を何らかの形で少しずつ改善していく。

たとえばお総菜を買ってきてそのまま食べるんじゃなくて、電子レンジで温めてお皿に盛って食べるだけで、その場の幸せ感がちょっとだけ増す気がしませんか。夢を叶えるのに必要なのは、どれだけ「ハッピー」を味方にできるか。ハッピーと生活環境はリンクします。運と言い換えてもいいかもしれません。

僕はNetflixのクィア・アイという番組が好きなんですが、言ってみればこれはクィア・アイ方式。衣食住できるところから、自分のことに時間をかけていくのが大事です。

気をつけてほしいのは、夢や目標を見つけたときに、今までの人生に対する「復讐」をモチベーションにする人が結構多いこと。それだとだんだんと暗黒の空気を帯びてきます。どこか自分で意図しないところで人を傷つけてしまったりもする。

世界に色がつくとすぐにそっちの世界に行きたくなりますが、夢や目標は長期プロジェクト。一気に開花する花はありません。達成まで、自分の生活が金銭面で安定していることも大事。「退路を断つ」ときは慎重になってください。5本ぐらい綱を残しておいて、これはクリアしたからこの綱はもう必要ないな、と徐々に切っていきましょう。

最後に、おとめ座が夢や目標に向かうときに禁句にしたいのが、「ちゃんとやらなきゃ」と「しっかりしなきゃ」。「ちゃんとする」のは仕事だけで十分。僕は、夢や目標のいい叶え方って「ちょっと間違えること」だと思います。

例えば、気が合う友人たちとファミレスでご飯食べているとき。盛り上がって気分がよくなり、注文しすぎてしまった、という経験はありませんか？　そういう楽しさを大事にしてほしい。間違えないで「ちゃんとする」だけだと、気持ちがしぼんでいってしまうから。「ちゃんとしなきゃ」には気をつけて。

Q

コミュニケーションの取り方がわからず、人間関係が面倒になっています。40代になってますます対人関係の難しさを感じています。仕事での最低限の会話すら面倒になり、できるだけかかわらないようにしています。相手は「急に何?」と思っているかもしれませんが、どうしたらいいのかわかりません。

（女性／医療職／43歳／やぎ座）

安心感を抱く相手を思い浮かべて。自分の体で一つ好きなパーツを見つける

やぎ座には本当、共感しかありません。こんなこと書いたら全やぎ座を敵に回しそうですけど、やぎ座はね、死ぬ直前まで思春期みたいなところがあります。自分でも「え、こんなことで傷つくのか」というところで傷つくんです。

接客とか仕事とか、なりきってやる役割があればまだいいんですが、「素の自分」でコミュニケーションしろと言われるとどうしていいのかわからない。バーベキューも「肉を焼く係の人」としてなら参加できるんです。仕事があると自分の居場所がある感じ。でも「好きにしていいよ」と言われると「だったら家で誰にも会わないで閉じこもっていたい」って思ってしまう。

でもそんなやぎ座の人たちにお伝えしたいのは、コミュニケーションの善し悪しを決めるのは、実は自分じゃないかもしれない、ということです。このご相談に答えている僕自身がコミュニケーションははっきり言って苦手。でも、下を向いてボソボソ話す人とは異様に気が合うんですね。

コミュニケーションが苦手な人は、同じような人とすごく引き合う。気が合う人とか心を開き合える人って、10人会って1人いれば御の字です。その上で、人と話すのが苦手な人に二つアドバイスを送りたいと思います。

一つ目は、自分が会ってほっとする人や、安心感を抱く相手を思い浮かべて、その人と笑顔で話しているイメージを持ってほしいんです。アイドルとかタレントだと妄想に走っちゃうから、実際にお会いしたことがある人のほうがいいです。目的は顔のこわばりをなくすため。コミュニケーションに苦手意識があるとどうしても顔がこわばってしまう。準備体操として笑顔のイメージを作りましょう。

二つ目は、自分の顔でも体でもいいから、好きなパーツを一つ見つけること。これはクィア・アイのジョナサンも言っていたんですが（笑）、「自分の目が好き」とか「指先がすごくセクシー」とか。

どうしてかというと、コミュニケーションで何より大事なのは「相手に対する好きという気持ち」。好意がないとお互いにまた会いたいと思えない。自分のことを好きになると、ハッピーな空気が外に向かって伝播していきます。

恋愛でも「好きな人が見つからない」という人は多いと思います。そのときもまずは自分の好きなパーツを見つけること。「好き」を持っている人は、他の「好き」を持っている人を引き寄せます。

僕ですか？　僕は自分の親指の爪、結構好きです。丸くてマヌケでかわいいのです。

Q

どうしても子離れできません。上の娘は大学のそばで下宿していましたが、私が泣き暮らすようになり、心配して帰ってきました。就職して離れても、週末は泊まりに行こうと思っています。下の娘は自宅通学できる大学を受験。結婚しても、2世帯同居したいです。娘たちが成長し、残りの人生どうしたらいいでしょうか。

（女性／不動産賃貸業／47歳／みずがめ座）

人生を前に進めても 宝物の風景はずっと残る

人は生きている間にものすごく多くの人と出会います。でもその中で同じ景色を見られる人ってそう多くはない。恋愛、親友、親子関係。自分の寿命が尽きるまでに、果たしてどれだけ「同じ景色」を共有できるでしょう。「あの日2人で食べたソフトクリームおいしかったね」とか、同じ景色の中で食べたものって、単なるソフトクリームじゃない。すごく特別な宝物として心の中に残ります。あなたが娘さんたちと一緒に作ってきた風景も、ずっとあると思います。本当に素敵な宝物だと思うんです。

ただ、どこかでやっぱり、自分の人生を前に進めていかなければいけないタイミングがやってきます。ちょっと残酷ですが、相手にとって「重い」状態になってしまったときもそのタイミング。人間関係の距離感を考え始めなければいけないときです。もちろん一気にゼロにするわけじゃなくて、バランスを考えましょう、という話です。

どちらかが「重い」と感じ始めているのに、仲が良かった濃密な時間の、その濃度に執着してしまうと、築き上げてきた宝物の風景まで傷つけてしまうことになりかねません。すごく残念なことです。

何か特別な愛情や憎悪、そうした感情が自分の意思でコントロールできないぐらい強くなると、それは「パニック」状態になっていると言えます。例えば娘さんと離れ離れになることに対して、異様な、まるで生命にかかわるぐらいの、他の人にはわからない恐怖感を抱く。自分でコントロールができないほどの恐怖は、過去のトラウマが関係していることが多いです。

自らのパニック状態に、多くの人は気づいていません。例えばツイッターでも現実世界でも「言い過ぎだよ」っていうケース。誰かの悪口とか、愚痴とか、それはもはや相手に対する怒りじゃなくて、過去の自分の思い出まで含めた怒りだったりする。自分をコントロールできない状態が、パニック状態なのです。

自分の努力でどうにかなることではないので、専門家に相談に行くことをお勧めします。できれば国家資格を持っている人に。娘さんと離れることを想像して眠れなくなったり、動悸が抑えられなくなったりする症状があるならば、心療内科などの医療機関で診てもらうのもいいでしょう。何らかの処置をしたほうが、娘さんもあなたも、お互いに生きやすくなるはずです。

自分の人生を前に進ませるって、すごく寂しいけど、すごく悲しいけど、自分や相手のためでもあるのです。

Q

離婚してから12年。芸能界の結婚ラッシュに触発され、五輪・パラリンピックにあやかり、婚活したくなりました。趣味でモデル活動もしており、お相手に不快のない清潔感も意識しています。子どもができたら、家族でスポーツ観戦する夢があります。叶えることはできそうですか。

（男性／ITエンジニア／51歳／おひつじ座）

相手の傷を理解しようとする優しさがあれば、いい関係になれる

ご相談嬉しいです。こういう相談って、他の場所だと正論を返される可能性があると思うんです。「それをかなえたいならこれをやらなきゃ」って説教される可能性がある。

でも、どんな人も「今を変えたい」とか「予測できない展開を迎えたい」というタイミングがあります。せっかく素敵な夢があるなら、イメージに向かって、ズレてもいいからやってみてほしいのです。

僕自身は30代以降のスタートを、すごく応援したい。なぜなら30代以降の人たちって、どこかで「大人にならなきゃいけなかった」という傷を持っているから。大人って、その人の魅力を商品のように判定されがちです。毎年成長し続けなければいけないし、魅力的でいなければいけない。でも、努力家の人ほど、自分の良さを理解してもらう術を知らなかったりします。

30代以降で人生を変えたいと思ったとき、

一番素敵なやり方は、他人の傷を理解してあげること。自分も傷を持っているからこそ、「私はこんなに傷ついてきた」「私を理解して」と言いたいのですが、それはみんな同じで、みんな傷ついている。そして相手の傷を受け止める余裕がない。

例えば「徹夜してでも仕事を終わらせないと気がすまない」人と、「来週に回せばいいじゃん」と考える人。どちらが正しいかではなく「それも多分、正しいよね」と言える人が、人の傷を理解できる人だと思うのです。誰かとお付き合いすることは「自分の正しさから降りることができるか」も毎日のように試されます。相手の傷を理解しようとする優しさがあれば、いい友人関係になれるはず。婚姻関係の前に、まずは「いい友人関係」を目標にしてみてください。

婚活についてアドバイスするなら、月に1回でいいから自分をもてなす日を作ってください。好物を手作りして食べるとか、部屋にお花を置くとか。パートナーや親友ができるときって、その人が持っているハッピーの香りに、人は惹かれるから。おいしい定食屋さんがなんとなく外からでもわかるみたいに、幸せの匂いって、外に向かって出てくるものです。自分をねぎらうのは、寝っ転がってのピザポテトでもいい。努力によって幸せになることも大事なんだけど、今の自分が幸せだと実感するのも大事です。

おひつじ座は五輪やお祭りには「乗っかりたい」イベント屋さん。みんなを明るくしてくれる、必要とされる人たちです。お祭りを届けるのがおひつじ座の使命だし、そこに尊さがある。あやかりたい気持ち、大事にしてください。

Q

仲良しのママ友が不倫しています。私には何でも話したいと、旅行の写真まで見せてきます。友人の子どものことを思うと、すごく嫌な気分になります。私の親も同じだったからです。子どもがいて不倫する人たちの気が知れません。うまくやってね、と心にもないことを言っている自分も嫌になってきました。

（女性／医療関係／48歳／しし座）

生理的に受け付けないことを頑張って克服する必要はありません

最近の僕のテーマなんですが、「どう大人が傷を癒やすべきか」をいつも考えるんです。毎週占いを書いている身として、例えば「週末は気分転換してください」と言うことはできる。でも気分転換で傷が完全に癒やされることはないと僕は思っていて。じゃあ傷が癒やされる瞬間っていつかというと、理解者に会ったときだと思うんですね。

世の中、理解者に巡り合えていない人が想像以上に多いと思います。彼らは「じゃ頑張ってね」と言われて放っておかれる人たちです。中にはすごく努力家で立派な成果を出している人もいるけど、どこかでやっぱり傷を抱えて生きている。不倫を肯定するつもりはまったくありませんが、理解者に出会おうとしてもなかなか出会えない中で、錯覚でも「この人は私のことを理解してくれる」と舞い上がってしまった場合、恋愛関係になってしまう人たちも出てくるのだと思います。

その状況は理解はできないけど、少し共感はできる。

そして、人と人が生きていく上ではこの「理解はできないけど共感はできる」ことが大事なような気がします。

すごく忙しいのに毎晩夜遅くまで飲み歩いてる人とか、帰って寝ればいいじゃん、と思うんだけど、その人はきっと満たされない何かがあるからそういう生活をしているわけで。その活動で何かを埋めてるんだな、というのは共感できる。無理に説得してもますます悪化するだけですよね。「まぁ私は理解できないけど、ちょっとは共感できる」と思えることが、お互いに住み良い世の中を作っていくんじゃないかなと思うのです。

ただ、あなたの場合、「生理的に受け付けない、ごめん」と告げることもすごく大事です。不潔さを感じることとか、生理的に受け付けないことを、頑張って克服する必要はないから。例えば、他の人が口をつけたコップを使えない人って、世の中にいるじゃないですか。そこは無理に頑張るポイントではまったくないわけです。そういうことを話してくる友人には、理屈ではなく「ごめん、生理的に無理」って言えば理解してくれると思います。

関連して言うと、気にくわない人のSNSとか、つい追いかけてしまうのは、「自分は大丈夫」と思いたいから。

嫌いな人の存在は、人生に必要な毒物ではありますが、ハマりすぎに注意してください。「自分を正当化するために今日もまたチェックしてしまった」とほんの少しほろ苦さを感じることができていれば、大丈夫です。

Q

文章を書くのが遅くて困っています。SNSの投稿やメールの返信も、ものすごく遅く、2、3行書くのに数時間おいたり、長文になれば何日もかかったり。これを書いたらこの人はこう思うだろうかとか、あの人も見てるしとか、余計なことを考えてしまいます。どうしたら速く書けるでしょうか。

（女性／ヨガ講師／39歳／ふたご座）

10分の1ぐらいは人の顔色を見ないで言い切っちゃう

ライティングについて技術的なことは、たくさんあると思うんですが、僕の感覚では、文章を書くのは掃除するのと似ているなと思います。例えば部屋を大掃除するとき。つい昔のアルバムとか、雑誌とか、見ちゃうじゃないですか。気が散ってしまう。

いただいたご相談は、文章を書くのが遅いというお悩みですが、自由に書けないというお悩みを持つ人も多いのではないかと思います。

それはやっぱり、学校や会社で「誰かに提出しなければいけない文章」を書かされることが多かったから。読書感想文とかも含めて、そこには「誰かに気に入られなければいけない」という呪いがあるような気がするのです。

文章が長くなりすぎてしまう場合も、「すべての人を納得させなければいけない」と、いろんな人が気になってしまうのでしょう。それで気が散ってしまう。

僕自身が文章を書くときは、10分の1ぐらいは独善的になる必要があると思っているんです。人の顔色を見ないで言い切っちゃう部分が、10分の1ぐらいあってもいい。その10分の1の迷いのなさが、その人の味になるような気がします。それをツイッターでやると、1 4 0字しかないから炎上するんですが、1千字ぐらいあったらそのうちの1 0 0字ぐらいは、周りを見ないで「私はこう思う」って書いちゃう。

独善的になるためには、日記帳なり手帳なりに、文章を書くことをおすすめします。自分だけに聞かせる文章を。僕も学生の頃からずっと日記を書いてきました。他人と会話をすることがとても苦手だったのです。どうも僕の言うことが相手に全く響いていない、ポカーンとされることが多かったんですね。そもそも人見知りで話せなかったし。それが日記帳相手だと自己対話ができる。同じ「腹減った」でも、日記に書くのとツイッターに書くのでは違います。

ふたご座は、自己採点能力が異常に高い人たちです。いろんな言い回しを考えてしまうし、自分が出した表現が60点であることが、自分でわかってしまう。みずがめ座もそういうところがあります。だから、「誰に向けて書くか」をはっきりさせたほうがいいです。みんなが読むだろうと思って、優等生みたいに書こうとすると、書けなくなる。そしてみんなに届けようとする文章ほど、誰にも届かなくなってしまう。

この人にだけ届いてくれたらオーケー、と誰かの顔を思い浮かべながら書いてみてください。

Q

2019年に転職し、離婚も成立しました。子どもと二人で再スタート。2020年はやっと前に向かって進んでいく年になります。前向きに頑張るぞって年末は思っていたんですが、年明け早々やる気がでなくて。ポカーンと穴のあいた感じがずっと続いてます。2020年から、幸せになるにはどうしたらよいでしょうか。

（女性／受付・事務／30歳／やぎ座）

運が悪いときには体力を使わない。どこか磨いて、小さく勝つ

僕、ずっと占いという仕事をやってきて、お客さんと会ってきた中で思ったことがあって。それは「区切り」をしなくていいときがあるということ。体調や運の向き方って、暦とも違うし、それぞれ違います。みんなが一斉に2020年1月1日とか4月1日からスタートするとは限らない。

僕は「運にも体力がある」と思っています。運の体力がないときは、どんなに頑張っても負けるんですよね。全然うまくいかないときってやっぱりある。

占いで観察してきてわかったんですが、幸せそうな人たちは運が悪いときにはサボっている人たち。運が悪いときは体力を使わない努力をしている。行きたくない飲み会は仮病を使って休むとか、そういうことをしているんです。2020年に入ったから頑張らなきゃ、って良くない時に頑張ってしまう人って総じてまじめな人が多いです。

じゃあ、どうしたら運の体力がないときに、上向いていくことができるか。これはある経営者が言っていて、僕も大事にしている言葉なんですが「負けないこと」なんです。その人はマージャン好きなんですが、マージャンもやっぱり全然自分にいい流れが回ってこない時があるらしいんです。マージャンって運がすごく介在するゲームだから。

で、そういうときは勝ちを狙わずに負け方を最小限に抑える。負け方にルールを決めるのもいいと思います。小さいところで勝つ。例えば一日一個、人に親切にする。その体力がなければ、一日一回どこか拭き掃除する。冷蔵庫を磨くとか。それも立派な「勝ち」。「ああ今日も何もできなかった」ってつぶやく一日の終わりが負けだとすると、「でも今日冷蔵庫磨いたよな」ってなれば、勝ちで終われる。そういう1千分の1の勝ちにこだわっていく。それが「負けない」ことなんです。

僕の昔の知り合いに、すごく勉強を頑張ってきたのになかなか仕事が決まらないときがありました。その人は「このままでは自分がダメになる」と思って、一日一回玄関を徹底的に磨いたらしいんです。そうしたらね、職の話がきたんですって。オカルトに聞こえるかもしれないけど、自分の中で誇りっていうのかな、それをちゃんと残しておくということだと思うんです。

だからどうしても運の体力がないときは、どこか磨いていれば、とりあえず大丈夫。床とか冷蔵庫とか。水回りでもいいですね。そのうちに運の体力が付いてきて、「行けそうな気がする!」って吹っ切れるときがやってきます。

Q

誰といても大抵の人からは好かれる人柄だと自負している部分がそれなりにあるのですが、誰といても自分はその人たちの1番ではなく、2番である気がしてとても悲しいです。大勢じゃなくていいから、誰かの1番になれるような人に変わりたい。

（女性／大学生／20歳／ふたご座）

腐敗臭を出せる覚悟が必要。
ポンコツな人と一緒にいるのがオススメ！

まず僕はあなたに盛大な拍手を送りたいと思います。誰からも、1番に好かれていないことに気づいてしまった。それはすごく素敵な発見です。自分が情けないと思うかもしれないけど、その発見は最大のチャンスなんです。そこまで自分をちゃんと追い込んだことに、拍手を送りたい。そこまで行けばもう大丈夫。そりゃもうえらいです。

そのうえで、じゃあどうやって誰かの1番になるかっていう話をしたいと思います。

このご相談を聞いて思い出した言葉があるんですが、ある映画監督の人がですね、「表現は幕の内弁当であってはいけない」とおっしゃっていたことがあったのです。

もちろん幕の内弁当も素晴らしいんだけど、やっぱりそれなりというか「外れのなさ」みたいなのがあって、そこに弊害がある。もし、「このたくあんだけは絶対に妥協できない」みたいな採算度外視のたくあんが入ってたら、すごみがあるじゃないですか。「うちの弁当はたくあんが主役だ」と言い切っている弁当は、異様な空気を放っている。

人間も同じなんだと思います。例えば誰かを好きになるときって、フェロモンに惹かれる。フェロモンって、ある人がかいだら臭いんですよね。万人受けする匂いが誰かを強烈に引きつけることはなくて、誰かを引きつける匂いには少し腐敗臭が入っている。

その腐敗臭を出せる覚悟が大事なんだと思うんです。格好よさとダサさって紙一重で、かっこいい人はいい腐り方をしているんですよね。腐り方の美学がわかっている。腐らせすぎるとダサくなっちゃうんだけど。いい腐敗臭を出している人、アーティストにもたくさんいます。デザイナーとかクリエイターとか。まずはそういうお手本を探してみるといいと思います。

前にも言いましたが、ふたご座は自己採点ができてしまう人です。器用になる努力ができて、みんなにとっての80点を取れる。それは社会で生きるうえでは有利に動くときもありますが、実はふたご座はポンコツな部分も持っています。だから、ポンコツな人と一緒にいることをオススメします。ダメ人間だけどどこか一芸に秀でている人。一緒にいると、ふたご座が持っている才能を開かせてくれます。

例えば、トンカツを食べるときにキャベツをまるごと残せる人ってすごいなと僕は思うんです。普通は気を使ってひと口ぐらい食べるでしょ。トンカツだけ食べたいって、キャベツに見向きもしないなんて、自分にはできない。それが平然とできちゃう強さを持っている人に、惹かれるし、一緒にいたいと思うんです。

Q

しいたけ占いを見ていると、うお座でよかったって思います（笑）。今の私、人に大きな影響を与えることができる人になりそう！と、ウキウキワクワクしています。もっと自分の色を前面に出して、ここに私がいたら空気感が変わる、ついていきたいと思われるような人に変わっていきたいです。

（女性／大学生／うお座）

うお座のすごさは欲望への速さ　素敵な勘違いを一生持ち続けて

うお座の人は「空気が変わる」という感覚がすごく好きです。たとえば、映画やライブなどでも、あるスターが出てきた時に空気がパッと変わる。あの空気、大好きなのです。空気が変わることはスターの証しでもありますし。

うお座のすごさの一つに、「欲望への速さ」があります。例えば「将来海の近くで暮らしたいな」って誰かが言うとき、それが実現するまでには10年、20年かかったりしますよね。それをうお座は翌年やっちゃったりするのです。想像して気持ちよくなると、どんどん進んでいく。ファンタジーと現実の境目が、いい意味であんまりないんです。

僕の友人のうお座で、高圧洗浄機を衝動買いした人がいます。ブワーッてやると家の壁の汚れとかが落ちるあれを、マンション住まいなのに買っちゃって。どこも掃除する場所がないのに、ＣＭ見て気持ちよくなっちゃったんでしょうね。これも大好きなうお座エピソードです。

パーンとやっちゃう行動の速さ、すごく大事です。なぜなら人としての「スケールの大きさ」は行動する人に身に付くものだと思うから。

立ち止まって考えるのも大事かもしれないけど、失敗も含めて、他人から見たその人の評価は「何をやってきたか」です。やればやるだけ得します。そこにウキウキ感とワクワク感が伴っているなら、どんどんやったほうがいい。

あなたがもう一つすごいのは、「ここに私がいたら空気感が変わる」という、その「勘違い」です。ばかにしているわけじゃなくて、本当に本当に素敵な勘違い。ぜひ一生持っていてほしいです。

だってヒーローやヒロインは勘違いから生まれるものだから。うお座はヒーロー・ヒロイン気質を持っています。全然空気を合わせない。例えば「今日は私たち、この人の愚痴を聞くために集まったよね」という空気があっても、最近の楽しい話をしちゃったりする。でもその話で、暗い気分のみんなが救われることもある。それがうお座の良さだし、そういう人にこそ人が付いてくると思います。

そんなうお座でも、弱っているときは一般常識を気にします。「普通こうするよね」が刺さって、1週間ぐらい落ち込んでしまう。いつもなら「今回はうまくいかなかった、あは」っていられるんですが。「普通こうするよね」の棘がなかなか抜けないなら、体力や精神力を回復させてください。そのとき大事なのがファンタジーの世界に行くこと。無駄遣いしちゃうとか、それも一つのファンタジー。

Q

私は容姿を変えたい。ずっと容姿がコンプレックスで、人の目を見て会話するのも笑うことも怖くてできませんでした。勇気はいるけれど、美容整形をして人生を変えたいです。

（女性／総務／24歳／さそり座）

復讐には作法があります。主人公を自分に戻すということ

これまでも占いのお客さんで、美容整形した人、これからしようと思っていると相談してきた方が何人かいました。

全員に共通しているのが、ものすごく多感な時期に、容姿を誰かから否定された過去を持っていたことでした。鼻が大きいねとか、顔のパーツのどこかが変だね、とか。

人種や宗教と同じように、容姿はすごくデリケートです。誰かの意図しない一言で、ものすごく傷つけられてしまうことがある。

その傷は、自分が努力したり楽しい時間を過ごしたりしているときにも、影を落とします。例えばおもしろいことがあってみんなで笑っているときにも、「でも私の笑い方、気持ち悪いと思われているんじゃないか」って。心ない一言で人にそんな傷を負わせるのって、本当に僕は犯罪だと思うんです。

そして整形は、そういう誰かへの復讐行為であることが多い。

美容整形したい

僕自身は整形について反対も賛成もない立場です。ただし、復讐には作法が必要だと考えています。作法というのは、復讐の目的をはっきり決めること。その目的とは何かというと、「どこまで行ったら自分を許すことができるのか」。

整形は、よく言われますが、終わりがなくなりがちです。誰かから強く否定された記憶がある人は、いくらそのパーツを技術的に理想の形に変えることができても、否定されたダメージ自体は消えません。そうすると「ここもダメだろう」と次の否定が始まってしまう。否定した側が主人公のままだから、復讐に終わりがなくなってしまう。

いじめられた人や否定された人の悲劇は、いじめた側が覚えていないことです。人を否定したり石を投げたりする人たちは、鬱憤ばらしとしてやっています。言葉の暴力も含めて、鬱憤ばらしのために誰かの貴重な人生が犠牲になってしまうのは許されることではない。否定された言葉を許す必要はありませんが、主人公を自分に戻す必要があります。今まで、あなたはちゃんと影を抱えて生きてきた。それは本当にキツいことだったと思うし、そして、「変わりたい」とも願ってきた。だから、勝手ながら応援をさせてほしいし、自分の気持ちも含めて整形手術の先生にちゃんと話を聞いてもらってみてください。「ちゃんと話を聞こうとしてくれる人」に会っていくのがまずあなたの大事な一歩を作ってくれる気がします。

Q

グループLINEで話していると、自分だけ返答されないまま会話が終わったり、取引先から閉店のお知らせをもらえなかったり、意図的な無視ではないけど、なんとなくうっかりされて傷つくことがあります。こうしてほしいと期待して、思った通りの反応ではないから傷つくのでしょうか？

（女性／商品企画／43歳／おうし座）

無視されることも才能。弱い人たちの味方になって

僕、星座以外でカラー心理学をやっているんですが、この相談者さんの性質はカラー心理学で言うとまさに「緑色」の傾向なんですね。

緑色を持っている人の特徴は、とにかく道を尋ねられる。困っている人と縁ができやすいんです。

そしてもうひとつの特徴が、店員さんに無視されること。飲食店に入って注文をしたくても、店員さんがなかなか来てくれない。僕も緑の傾向がすごく強いのですが、「領収書ください」って言っても5回に1回は忘れられます。

緑色の人がなんで無視されるかというと、いい人オーラがにじみ出ているからです。店員さんも、これは動物的な感覚だと思うんですけど、「この人はいい人だから若干気を払わなくても大丈夫だろう」ってどこか安心しちゃう。

多分普通の人だったら「まだ注文取りに来

存在が忘れられがちです

てないぞ」という殺気というかイライラ感が出てしまうところですが、緑の人は注文を取る前と取った後で雰囲気があんまり変わらない。だから店員さんはもう注文を取ったと勘違いするんですよね。無視されることも、この文脈ではすごく素敵な才能だと思います。

そんな緑の人にオススメの生存戦略が、弱い人たちの味方になること。僕は比較的ガードが堅い人から心を開かれる傾向があるんですが、それはおそらく僕が人を傷つける意思がそこまでない人間だし、あんまり意見を押し付ける意思もない人間だからだと思うんですね。「それでいいんじゃない?」が最終的に言える役割って言うんですかね。

グループLINEで自分の話が流されて返答がないまま会話が終わっちゃうのは悲しいんだけど、「いいよそれで。みんな疲れてたんでしょう」って嘘でもいいから優しい人を演じてみてください。疲れた人たちが休みに来てくれる「峠の茶屋」みたいな存在になれると、すごく慕われて必要とされるようになります。

おうし座の文脈で言うと、おうし座はとても尽くす人たちです。センスがいい人が多くて、例えば手土産一つとっても「これなら相手が喜んでくれるだろう」というものをちゃんと時間と労力をかけて選ぶ。そんなおうし座にとってつらいのが、自分の奉仕に対する反応が予想以下だったとき。「あ、ありがとう」と一言で終わりにされると、え、それだけってテーブルひっくり返したくなる。尽くしがいがある人かどうかをちゃんと見極めるほうがいいです。相手の反応に「これだけ?」と思ったら、次回からサービスの質を少し落としても大丈夫。

Q

同年代の友人は、同居する未婚の子どもや孫の世話に、一人暮らしの認知症の親の世話、重病のきょうだいの面倒も。私は子どもなし、夫婦仲はよし。実の両親は既に他界、義母も介護の必要なし。身内は未婚ばかり。自分にお金も時間もかけられる分、人生を充実させるにはどうすべきでしょうか。

（女性／自営／60歳／さそり座）

日本では「他人の世話」をしていないと罪悪感。苦行が伴わないハッピーでもいいじゃないか

いただいたご相談を読んで、日本の一般的な幸せの価値観について考えさせられました。幸せの価値観は、年代ごとにも違うかもしれませんが、共通する「幸せ観」として、かなり上位を占めているものに「他人の世話」があるのではないでしょうか。

他人の世話をしてこそ一人前とか、誰かの人生を背負うことが社会的に一人前とされている感じがあります。例えば結婚なり正社員なりというのも同じこと。その「結婚正社員コース」を歩まずに、一人でプラプラしていることを選ぶと、下に思われたり、怒られたりすることがあります。別に自分の人生なんだし、独身でも働いて税金を納めていればそのお金が巡り巡って誰かの役に立っているわけで。それなのに、目に見えて「他人の世話」をしていないことの罪悪感って、日本ではものすごく強い気がするんです。

世話する人がいなくて

よく考えるのですが、英語の「ハッピー」と日本語の「幸せ」は、実はすごく距離があるんじゃないかと思うんです。例えばビーチサンダルで海岸まで歩いてアイスクリームを食べることは「ハッピー」だけど、「幸せ」だと言ったらバカにされそう。なぜなら幸せには苦行が含まれていないといけないから。

でも、「幸せ観」について考えるとき、僕はハッピーでも考えるべきだと思っています。人から見たらバカバカしいことが、自分のハッピーでもいいじゃないですか。

さそり座は、人生で深刻に悩む問題を常に一つ持っていないと落ち着かない、という人たちです。自己実現だったり、誰かの世話だったり、常に何かの心配をしていないと不安になってしまう。

もちろん、自分のことだけを考えてはいけないというのは、日本ならではの美徳でもあると思います。

だから、オススメは勝手な応援活動です。きょうだいとか家族とか、絶対助けなければいけないプレッシャーがある関係よりも、もっと縁が遠い人たちに気軽に手を差し伸べる活動。旅をした思い出の場所や好きな地域の商品を買うとか、ふるさと納税で寄付をするのもいいでしょう。身近じゃないほうが、関係される側も気楽でいられます。しばらくは難しいですが、旅行も一つの寄付ですよね。

僕はたまにふるさと納税のサイトを見るんですが、こういう地域でこんなものが作られているのか、と発見があります。産業の息づかいみたいなものを感じると、応援したくなる。寄付した後もその地域のことが気にかかるし、素敵なご縁になると思います。

Q

うちは妻と娘2人の4人家族です。全員血液型がABで、周囲に話すと驚かれます。星座もバラバラ、性格もバラバラで、家族としてうまくやっていけるのか父親だけ不安に思っています。

（男性／介護職／50歳／さそり座）

漠然とした不安は、整理が大事。「自分」か「人とのかかわり方」か

いま何か決定的な問題があるわけじゃないけど、このままでいいのか、この先どうすればいいのか。占いという仕事をしているとこうした「漠然とした不安」について相談されることがよくあります。

漠然とした不安といっても大きく二つに分けられます。一つは自分のこと。進路や転職について、この先私は何をしなければいけないか、自分に何ができるかという悩みです。もう一つが「人とのかかわり方」についての悩み。例えばバリバリ仕事をしてきた人にパートナーができたり、急に両親と同居することになったり。それまでは自分の仕事のことだけ考えていればよかったのに、人とのかかわり方を重点的に考えなければいけなくなる時期があります。

漠然とした不安があるときは、どちらで悩んでいるのか自分で整理してみてください。

ご相談者さんの場合、かかわり方について

の悩みのようです。例えば子どもが大きくなれば、家族の希望によって、自分の生き方も変えていかなければいけないときもあるでしょう。そのときに自分一人で悩んでいても答えが出ません。かかわり方で悩んだときは、相手に話しかけないと何もわからないからです。

それで家族に話しかけるわけですが、ここで注意点があります。「お前は将来どうしたいんだ」なんて聞いたら、絶対に煙たがられます。コミュニケーションは大きな話から入ったらダメです。どうするかというと、身近にいる人だからこそ、相手の好き嫌いに気づくことから始めてみてください。

「卵焼きはその焼き方が好きなんだね」とか些細なことでかまいません。「こういうのは嫌いなんだね」って気づいていくことから、コミュニケーションは始まる気がします。

「学校どうなんだ」といきなり本丸から入ろうとしなくて大丈夫です。

星座もバラバラとのことですが、春夏生まれは春夏生まれ同士で、秋冬生まれは秋冬生まれ同士で仲良くなることが多いです。

僕の印象だと夏生まれは「で、どうしたいの？」と結論を急ぐ人たちがまあまあ多い。冬生まれの人は、結論よりも自分が納得することを大事にしたい人たちで、「とりあえずこれでいいじゃん」と言われるのを嫌がります。

さそり座は冬側で、「ちょっと深い話をしたい」という欲望を持っています。「私はこれが好きなの。はい、以上」と、ぶった切る夏生まれに対しては、寂しさを感じることもあるかもしれません。かかわり方で悩むときには、自分とはタイプの違うコミュニケーションも、成分として少し取り入れてみることも大切です。

Q

友達と付き合うときに、私が仲良くしたいと思っている深度と相手の深度が合わず、よくトラブルになります。どうしたら人と仲良く楽しく過ごせるのでしょうか。

（女性／大学生／21歳／しし座）

「ごめん、余計なお世話？」を添えて。何か触りながら話を聞くのもオススメ

　これは星座的な話でお答えしたいと思います。しし座と、おとめ座にも共通しているのですが、この方々は相手の緊張感を感知しやすい一面があります。友達関係や家族関係で「あれ？　何かあった？」とわかることがありますよね。ちょっと顔色が悪かったり、すっきりしていない顔をしているとき、しし座とおとめ座の人は、真っ先に気づきます。

　でもそういうときって相手にしてみたら声をかけられてありがたいときと、あんまり声をかけられたくないときがあるような気がして。

　しし座とおとめ座は「どうしたの？　何かあったら言ってよ」と、相手がまだそのタイミングじゃないときにバーンと入っていっちゃう傾向があって。それは、感知したものを放っておくと、自分が不安になってしまうから。でも、そうやって首を突っ込みすぎたことが原因で、トラブルになるケースもあるのかもしれません。しし座はとてもパワフルな

人たちだから、人のテリトリーの中に入っていって、そのやり方を変えてしまう可能性があるんですね。

その人は本当は壁を緑色にしたいと思っているのに、「これは赤のほうがいいでしょう」と不思議と押しきってしまうこともある。コミュニケーションって不思議で「相手の役に立とう」とぐっと前に入って、力が入っている状態になると上手くいかないことがあったりする。

では、どうしたらいいか。

感知したときに「何かあったの？」と聞くことを我慢する必要はありません。

ただ思わず聞いてしまったら、その後に「ごめん、余計なお世話だったよね」と一言添えれば大丈夫。あとたまに「そうなんだ」と言って、自分の白黒ハッキリした意見を言わないこともけっこう相手にとっては効きます。相手との間に生じた沈黙を受け入れるというか。

それと、そういうときのしし座は「なんとかしなきゃ」という焦りで張り詰めた顔をしています。耳がピンと立って、どう行動すべきか、周りの様子をうかがっている感じ。緊張感が生まれて心にアラートが鳴ったら、ちょっとひと呼吸おいて、ピンと張り詰めた耳をゆるめるイメージを持ってみて。

昔の固定電話には線があったから、それをいじりながら話を聞いたりしませんでしたか？くるくる指に巻いたりして。電話って相手の顔が見えなくて不安だから、無意識に手を動かすことで意識を分散させていたんだと思います。

携帯電話になってできなくなったけど、あれは結構大事な役割を持っていたんじゃないかな。会話のときに緊張感がある人は、何か触りながら人の話を聞くといいですよ。

Q

「世の中の優良既定路線」の殻が破れません。高校、大学と浪人も留年もせず、就職も安定企業で、体調不良による休暇もなく、長く勤めています。優良既定路線から外れるのが怖く、また外れ方もわかりません。しかしふと、休みたい、このままの自分でいいのだろうかと思うときもあります。

（女性／会社員／32歳／かに座）

休むことは創造的。旅先の漁港でサバ煮定食を食べるのもよし

今回は雑談から始めてもいいですか？　僕の中で今ホットな話題が「あつまれ　どうぶつの森」というニンテンドースイッチのゲーム。僕、初めてやったんですね。無人島でただのんびり過ごすゲームだと勝手に解釈していたので、どうしてこんなにヒットしてるんだろうと不思議で。やってみたら、すごいなと思ったことがありました。

ゲームの最初の段階で、自分だけじゃなく一緒に島に移住する住人が6人ぐらいいるんですね。たぬきちさんとか。その人たちがいることで、みんなのことを考えるようになる。「この木を勝手に伐採したら悲しむかな」とか「ここに道を作ったらみんなが喜ぶだろうな」とか。自分がその島の労働者になって、自分の生活環境を快適にするためにももちろん時間を使うんだけど、島のために何ができるかを各自考える。あれは「プレゼントする」ゲームなんですね。だから飽きない。

このゲームをやることで僕は「休むこと」を教えられました。休むことの本質が見えたというか、休むことってこんなに創造的なんだなって。

僕は仕事が趣味みたいなところがあるから、休むことの意味があまりわからなかったんですね。旅先でもパソコンがないと落ち着かない。たぶん一生それは変わらないと思うんです。だけど休むことは、一つの投資みたいなもので。例えば「自分なりにこの地域を育てたい」でもいい。年に1回どこかに行って、漁港で取れたサバ煮定食を食べるのもその地方を育てることになります。休むことが怖く、不慣れな人は、ある地域を育てるために休暇を取ったらいいんじゃないかと思うんです。

留年もしないで卒業して就職もして、客観的に見たらすごく立派な人です。かに座は兵隊になってしまう危険性が高い。一度ミッションを定めると、自分の好き嫌いよりも「やり遂げる」ことを優先しがちです。このままでいいのかなという思いの裏には、もしかしたら「自分の安全と安定のためだけに生きてきた」という罪悪感があるのかもしれません。でもそこには努力が伴っているわけだし、素晴らしいことだと僕は思います。自分のために生きるって大変なことです。

そして、他人のために身を粉にしてきた人も同じようにどこかで立ち止まります。私の幸せって何だろう、他人のためにやり過ぎてきたんじゃないか、って。そういうときは、やってこなかったほうをやるタイミングがきた、と思ってください。脇道にそれるときがきたんだな、って。

Q

いまだに恥ずかしながら実家暮らしです。もともと軽度の発達障害があり、パートで生活をしてきたのですが、今度仕事を変えることになり、一人暮らしを始めるつもりです。要領良く仕事をこなすのが苦手で、やりすぎてダウンすることも。仕事もこう頑張ったらもっと私生活と両立できるよ、とアドバイスいただけたら。

（女性／接客業／26歳／みずがめ座）

反省と後悔はやりすぎなくていい。「これをやったらえらいリスト」を

僕も少しそういう傾向がある人間なんですが、異様な集中力を持つ人たちが世の中にはいます。一つのことにのめり込むタイプというか、何かをしているときはそこだけに集中したいという傾向がある人。おそらくそういうタイプの方なのかなと推測をして、ご質問に答えていきますね。

一人暮らしと親元暮らしにはいろんな違いがありますが、一般に実家では、自分のことさえしていれば、家のことは誰か他の人がやってくれたりして、生活が回っていく。一人暮らしになるとやらなきゃいけないことが増えます。

一つのことにのめり込む性格がある人に知っておいてほしいのは「絶対に失敗は起こる」ということ。ミスや失敗や忘れ物があると「わーまたやってしまった!」ってこの世の終わりみたいな気持ちになりがちですが、「これに関しては自分をとがめない」というものを持ってください。

　僕は、傘の忘れ物に関してはもう自分をとがめないことにしました。いくら気をつけて、例えば冷蔵庫に「傘を忘れないぞ」って貼っておいても、絶対抜け落ちて定期的に忘れてしまう。極端な集中力を持っている人たちにはそういうことがある気がします。

　それについて20％ぐらいは反省するんだけど、「反省と後悔」をやりすぎるとその人の良さがなくなってしまうと思うんです。例えばどこか間抜けな部分を持っている人なら、初対面の相手に緊張させないとか、良さが発揮される場面もある。反省と後悔をやりすぎると、いい細菌やいい微生物みたいなものまで抹殺してしまう気がして。だから反省と後悔はやりすぎなくていいです。反省は20％まで。

　仕事でも、「今日中にこの作業をやるのが当たり前」じゃなくて「これをやる私、えらい」という文脈で過ごしてください。これは僕が生きていくテクニックでもあるんです。ＴｏＤｏリストだと「やって当たり前」の響きがありますが、そうじゃなく「これをやったらえらいリスト」を作りましょう。

　やりすぎてダウンしてしまう傾向がある人は、ミスなく失敗せずにやらなきゃいけないっていうプレッシャーを常に抱えています。それが強くなりすぎて首とか肩がギューッと縮こまると、余計に緊張感も増してきちゃう。自分で自分を褒めて調子に乗せられれば、自分にとっても他人にとってもいいパフォーマンスが発揮できるようになります。

　大丈夫です。やっていけます。「今はこういうことの学習期なんだろうな」と思って、やってみてください。

Q

高校卒業後、社会人として働いています。人に頼るのが下手で、可愛げがなく、頑固。人とかかわるのは好きですが、近すぎるとしんどくなります。責任感が強く、抱え込むので、これまでは人と距離を置きバランスを保っていました。家族や仲のいい友達にも、自分の話や相談をするのは苦手。もっと頼れるようになりたいです。

（女性／営業／18歳／みずがめ座）

80点を許してくれる存在が大事です。パーカーを着て会える相手を見つけて

大人になったらみんなやったほうがいいんじゃないかと思っていることが一つあります。それは、自分という人間が、ロールプレイングゲームの世界だったらどのキャラクターなのかを考えること。例えば勇者系とか、武道家系、商人系、遊び人系とか。

これはある方が就活セミナーで就活生に向けてアドバイスをしていたことなんですが、とても面白いと思ったんですね。

自分がどのキャラクターっぽいのかがわかると、生き方や頑張り方の傾向みたいなものがわかります。ご相談の文章を読んで、なんとなくあなたには武道家系とかアスリート系の気配を感じました。アスリート系って、毎日の反復練習をやり遂げられる人たちです。集中力があって、練習しないと気が済まない人たち。

ご相談は、もう少し肩の力を抜きたいという意味だと思いますが、一つご提案するならそれは日記を書くことです。

今日はこういうことに気をつけたとか、これを反省したとか、今の課題とか。箇条書きでいいので手帳とかメモ帳に書いてみてください。自分のコンディションをデータとして把握しておくことが、アスリート系の人にとっては自信になってくれるはずです。

ここからがポイントなんですが、人間関係でも仕事でも、アスリート系の人たちは基本的には100点を目指して取り組みます。データを集めて何をしてほしいかというと、80点で接することができる人を見つけてほしいんです。

80点を許してくれる人って、お互い少し甘えたり、気を緩めたりできる関係。恋愛関係とか、友達だったら親友になれるような関係です。僕の80点のイメージは、パーカーを着て会える相手とかパーカーで行ける店。これがジャージーとかスウェットまでいっちゃうと60点なんですが。

あなたはおそらく100点を目指してこれまですごく頑張ってきた人です。人に相談するのが苦手で距離が近くなるとしんどくなるのも、100点で接する人の特徴。だからこそ新しい環境に入ったときは、80点を取れる人を見つけだすのが大事な仕事です。

例えば大学生なら、大学に入って真っ先にやるのは、単位をくれる教授を探すことだったりします。「あの教授は授業だけ出席していればとりあえず単位はくれる」という先生を先輩から聞き出すのが大事な作業。これがつまり80点を許してくれる先生です。常に100点しか許されない、ガチガチに厳しい教授ばかりだったらきついから。

Q

私の2020年のテーマは「なりたい自分に近づく！」です。自分らしくいられないことはなるべくそぎ落として、シンプルでいられる自分に変化していきたいです。昨年末に引っ越し、断捨離しつつ夫婦二人が居心地よく暮らせる空間作りをしているため、余計その想いが強くなってきている気がします。

（女性／事務／46歳／ふたご座）

5回に1回は食べたいものを食べる。褒められなくても楽しそうなら成功

なりたい自分になる。これは年代関係なく多くの人に共通のテーマかもしれませんね。

自分らしさをどうつくるかというと、僕は、5回に1回は自分の食べたいものを食べる、行きたいところに行く、ということなんじゃないかと思っています。言い換えれば、空気を読まないということ。普段はみんなのコンセンサスを得たり、相談して決めたりすることをよしとしている人でも、5回に1回なり10回に1回は自分で勝手に決めちゃう。怖いかもしれないけどやってみてほしいのです。

なぜなら、日本では「誰かから安心されること」が一人前の基準になりすぎていると思うからです。誰かに安心される、誰かに褒められる、そして「裏切らない」。それが宗教的と言っていいぐらいに人の幸せ観に影響している。

でも誰かに安心されることをいつも優先してしまうと、次第に自分らしさは削られていきます。どこかで必ず空虚な気持ちになってくる。

例えば健康志向が強い友人がいたら、彼らの前ではやっぱり砂糖とか糖分の摂取を控えてしまうじゃないですか。でも行きすぎてしまうと常に誰かから監視されているような気持ちになっていきます。

自分らしく生きるために、無理にいつもの自分とは違う会合に行ったり、仲間をつくったりする必要性も絶対ではありません。会合に行って「もっと違う人たちから褒められたい」になってしまうと、自分らしさではなくて、また違う人の支配下に入ることにもなってしまうから。自分らしく生きることが成功したかどうかの基準は、あんまり人から褒められなくなること。褒められなくなって、「なんか楽しそうだね」と言われたら成功だと思ってください。


ふたご座は、「我は強いけどトラブルが苦手」という成分を持っています。好きなものや嫌いなもの、自分が美しいと思うものがはっきり決まっていて、エゴの強さを持っている。でもその方向性に走りすぎてトラブルを抱えることを異様に嫌がるんですね。それで自分のエゴや我の強さみたいなものを封印してしまうときがある。かと思えば「もう誰の言うことも聞かない」みたいな時期もあって、従順期と反抗期みたいなものを繰り返す人たちなんです。

ふたご座が自分らしく生きるというのは、その我の強さ、自分が「これは美しい」と思えるところに帰ること。自分が美しいと思うもののみに接する、という決意が必要になってきます。トラブルは恐れすぎないで。そうすると意外とうまくいくと思います。

Q

真面目、保守的、人付き合いが苦手というやぎ座ですが、不真面目、革新的、人付き合いが得意に変わりたいです。孤独で友達も少なく、嫌われることが多いと感じてます。何か自分にできることで、人間関係が広がれば理想ですが、趣味もなく平凡な生活です。星に定められた性格を変え、楽しく生きられるでしょうか？

（女性／アパレルEC／39歳／やぎ座）

ご飯を食べるスピードを少し速めると人付き合いがうまくなるかも

どの星座も、星に定められた基本的な性格ってやっぱりあるような気がします。そこを根本的に変えることは魅力までなくしてしまうことでもあります。自分には何もないと思っている人でも、魅力は絶対にあります。

やぎ座の改善方法をお伝えしたいんですが。

「孤独で友達も少なく、嫌われることが多いと感じてます」とあなたが僕に伝えてくれたことを、日記帳に書いてみてください。あ、もちろん、気分が悪くなったら無理しないでくださいね。実際に書いていくと、「このままじゃ終われねえ」っていう自分が出てくるはずです。どこかで反撃したくなる瞬間が訪れるんです。

やぎ座は臆病だけどかなり攻撃性が高い人たちです。その攻撃性の高さは、自分の状況を変えるためのエネルギー源にもなってくれます。

やぎ座およびみずがめ座は、世の中に広が

っている「ポジティブシンキング」にいきなり手を出さないほうがいいですね。「何か自分にできることで」とポジティブに向かおうとしても、ネガティブに引き戻されてしまう。むしろネガティブに正面からぶつかっていっちゃったほうがポジティブになります。反撃に向かう自分が出てきてくれます。

そして、人付き合いが苦手という方にテクニックとして一つお伝えしたい方法があります。これは僕なりの統計なんですが、ご飯を食べるスピードにはその人の人間関係の濃淡が出てくるような気がするんです。ご飯を食べるのが速い人って、人付き合いがわりとこなせる人。表面的な関係で、雑談したり適当に受け答えをしたりできる。

咀嚼して飲み込むスピードの速さって、処理能力の速さに通じているというか。僕なんかも食べるのはすごくゆっくりなんですが、ご飯を食べるのがゆっくりな人は、ちゃんと納得したいとか味わいたいという願望に支配されているのだと思います。だから、人付き合いがよくなりたいと思ったら、食べるスピードを意識して、少し速くしてみるのはアリかもしれません。

ただしあくまでテクニック的な付け焼き刃。根本的には変わらないので、やる・やらないはお任せします。もし深刻に悩んでいるのであれば、やってみるのも一つの手です。

例えば家にいる時に、2日に1回とか3日に1回でもいいから、台所で立ったままご飯食べるとかね。そのときだけ、スマホとかテレビとか見ないで、ご飯を食べることに集中する。人付き合いの距離感やスピードが、ちょっとリンクしてくると思います。

Q

先日、友人が家に遊びに来た時、「黒い影が通った気がした」「足音が聞こえる」と言われました。私も友人も霊感はありません。死後の世界はある、と私は思っているので、霊の存在は否定しませんが、私の部屋に知らない他の誰かがいるかと思うと本当に怖いです。

（女性／会社員／24歳／おひつじ座）

幽霊もかかわりたくないくらい愉快な人になるのはお勧めです

これちょっと不思議な話なんですけど、2019年から20年にかけて、結構この手の質問を多くいただきました。

コロナ期だったことが関係してると思うんだけど、人が町から消えたときって、動物が人里に下りてきたりしますよね。人間がそこにいるときには、人の匂いとか気配が強く残っていますが、それが消えると動物とかそういうものがテリトリーに侵入してくる。「あ、ここ人間がいないから怖がらなくていいんだ」って入ってくる。それが幽霊の世界でも結構あるんじゃないかと思うんです。

でも怖がらなくて大丈夫です。動物が町に入ってきちゃう感覚で、通り過ぎただけ。ずっといるとかじゃないから心配しなくていいと思います。

霊感って、僕はないんだけど、この世にはあると思っていて、幽霊が見えちゃう人も中にはいます。そういう人にはやっぱり寄ってきちゃうんだけど、それ以外の人にはよっぽど強い因縁がなければ、幽霊は人間のテリトリーには入ってこられません。

僕の実体験なんですが、出張先でホテルに泊まったときに、ドアを開けた瞬間「あ、ちょっとやばいな」と思ったことがありました。そのとき、その場で笑いながら全裸になった。優しそうで落ち込みやすくて気弱な人だと、同じ匂いを感じて出てくるかもしれないけど、笑いながら全裸になる人って、たぶん幽霊もかかわりたくないんですよ。「この人は別次元だ」「ちょっときつい」と思われるような愉快な人になる方法はお勧めです。柏手を打つのも有効ですし、もし心配なら塩を飾っておくとか。お寺とか境内の清められた場所に行ってお線香の香りを持ち帰ってくるのもいいですね。自分で家でお線香を焚いてもあんまり意味がありません。清められた場所の香りをいただいて帰ることが魔よけになります。

本当に幽霊がいる部屋に住んでいる人にも過去に会ったことがありますが、そういう人って、ちょっとぽーっとしてくるんですね。いろんな支払いが滞ったり、郵便物がポストにたまったり。遅刻をしてはいけないとか、携帯電話料金を払わなきゃいけないとか、そういう人間社会のルールがどうでもよくなってくる。

精神的な病気の場合もあるので全部がそうではないんですが、一線を越えて大事なものと大事じゃないものがごちゃごちゃになって、しかもそれを「ちゃんとやらなきゃ」という気持ちもなくなっちゃう。人間社会の約束を守らなきゃという概念が抜けてきちゃっているときは、あまりよくない家かもしれないので要注意です。

Q

自分の容姿に自信があって、周りからちやほやされてきました。自分に落とせない男はいないだろうと思っていましたが、好きな人に告白し、振られました。一気に自信がなくなりました。相手は話しかけてくれるのに、私は振られたことが悔しくて冷たくしてしまいます。自信を取り戻すには、どう変わればいいですか。

（女性／大学生／20歳／いて座）

私って性格悪い？って聞いてみて。愛情込めて指摘してくれる人が親友

告白する前って、好きになった人といろんな考え方や休日の過ごし方とかを共有したいと思いますよね。そういう未来計画が全部壊されてしまうわけだから、失恋は相当ショックが大きいと思います。

でも、あなたのえらいところは、正直に「相手が自分を振ったことが悔しくて冷たくしてしまう」と言えるところ。悔しいと思うのは、相手を認めているから。負けたことにちゃんと向き合っていて、とても立派だと思います。

いて座の人には、周りより一段高い立場に自分を置くことでエンジンがかかるという面があります。「私は寝ずに頑張った」とか「周りが遊んでいる間に私はちゃんとやらなきゃいけないことに取り組んだ」とか、隣人にいかに勝っているかを原動力にしがち。だからなかなか負けを認められなくなったりするんですが、あなたにはそれがなく、とても素直だと思います。

この経験を今後に生かすためには、よければ、周りで話せそうな人に「私って性格悪いのかな?」って聞いてみてください。その時に笑顔で「気づかなかった?」って言ってくれる人とは男女問わず親友になれます。無理には勧めませんが、振った相手と友達になれる可能性もあります。

占いを通して、美男美女と呼ばれる人たちにたくさんお会いしてきました。彼らはとても努力家で、周りに尽くす姿勢も持っています。でも、どうしても周りから気を使われすぎちゃう傾向もあります。「薄皮を一枚挟んだ対応」をされるのは結構キツい。自分について正直に言ってくれる人が周りに少ないケースが多かったように思います。

そうすると、良くも悪くもとても正直な人と付き合う傾向があります。正直というのは、浮気をしたり金を貸してくれと言ったり働かなくなったり。「なんて正直な人なんだ、この私を相手に気兼ねなく『金貸して』と言ってくるなんて」って惹かれてしまうんです。嘘みたいに聞こえるかもしれないけど本当なんです。気を使われる人間関係だけだと新鮮に見えてくるから。

人って自分を崩してくれる人や自分の素を見てくれる人を求めます。プライドを傷つけられないまま生き続けてしまうと、「お前は最悪だ」と何の愛情も込めないで言ってくるDV気味の人と一緒になる確率が高くなっちゃう。「あんた性格悪いよね」って、ちゃんと愛情込めて言ってくれるのが親友の役割。そういう友達が見つけられたら、今はつらいかもしれないけど、後でいい経験だったと思えるのではないでしょうか。

Q

仕事をする上で、同僚と意見が分かれた時に反発してしまい、連携をとることができません。本当は歩み寄りたいのにうまくできず、気まずい人ばかりが増えていきます。

（女性／保育士／25歳／さそり座）

カーペットで自分の基地を作って。同僚との意思疎通が穏やかに

ぜひ試してほしい方法があります。

カーペットなりラグなりを自宅に用意してください。何か自分のお気に入りの色とか柄で、1メートル四方ぐらいの大きさのもの。そこに好きなぬいぐるみを置くのもいいと思います。これは何かというと、自分の基地を作ってほしいんです。座布団でもよくて、できれば地べたに直接座れるところがいいです。

人間は、外の世界でギスギスしていたとしても、帰る場所があると何となく雰囲気が穏やかになっていきます。例えば同僚に「こういう面を改善してほしい」などと意思疎通をするにしても、どこか自分の生活の一部に安心できる居場所や空間があると、いい雰囲気で伝えられるようになります。

占いという仕事をしていると、新学期が始まるとか新しい会社に転職するなどのタイミングでアドバイスを求められることも多いのですが、わりとこのアドバイスは有効だった

のです。安心できる秘密基地を持つことで、自然にその人が外の世界でもなじめるようになるんです。

一緒に仕事をする人とトラブルがなぜ起きるかというと、「最低限、仕事だからここまでするべき」というラインが人によって違うからだと思います。例えば飲食店で働いていても、手が空いた時間に掃除をするかどうかは、やる人とやらない人に分かれる。それも給料分に含まれているのかどうか。

ご相談者は保育士さんとのことですから、いかに一人一人の子どもに深く愛情を込めるかって、際限がない。本当に尊いお仕事だと思います。だからこそ、同僚との間で意見が分かれて譲れないこともあるでしょう。

仕事仲間でも家族でも友人や知人でも、人間は人とかかわって時間を共有して生きていかなければいけないから、相手と意思疎通ができるかどうかって、すごく人生の幸せに直結する技術だと思うんですね。でも、自分の意見を伝える技術って、その人と向き合うことだけがすべてじゃない。だから僕はこの方法をぜひお伝えしたいと思ったんです。

さそり座は特に、職務に対する厳しさがある人たちです。さそり座が「仕事だからこれぐらいやらなきゃ」と思っている業務の範囲って、すごく大きい。12星座の中で一番かもしれません。例えば洋服屋さんに勤めたら、その店の歴史や、どういう人がこういう服を好きになるのか、お客さんの好みまで勉強するのが当たり前みたいな感じ。

どんな職場でも、アリとキリギリスが共存しているものですが、それぞれ自分の基地があると「共存」がうまくいくはずです。

Q

2019年、愛猫を17歳で亡くしました。以来、楽しいことがあっても「これからあの子のいない人生なんだ」と思ってしまいます。人生の半分以上を共にした愛猫の死は耐えがたいもの。寄り添ってくれた存在が大きすぎて、今後の人生を過ごすのがつらいです。愛猫も望んでいないと思いますが、後ろ向きになってしまいます。

（31歳／てんびん座）

毎日1回悲しみの時間にちゃんと戻る。その後の人生の報告を楽しみに

長年一緒に過ごしたペットは、親友兼、家族兼、神様みたいなもの。「他に好きなものを見つけなよ」とアドバイスされることがあるかと思いますが、すべて無視してください。

なぜなら代わりになるものはいないからです。

あなたの場合は特に、猫ちゃんの存在によっていろんな感情を表に出せていたのだと思います。ペットの前だと、家族にも言えないようなことを話せたりするし、言葉づかいも人間対人間とは違いますよね。「あらあらどちたのー」みたいな感じになる。そのコミュニケーションはすごく大事な気がします。

てんびん座は、動物に対する愛情表現がすさまじくて、どこか人間に対しては最後の一枚で心を許していない人たちが多いです。だから愛猫家、愛犬家、子ども好きも多い。「どちたの?」って言える相手には心を開くんですが、大人に対しては営業モードみたいになってしまうんですね。

耐えがたい愛猫の死

自分にとって一心同体だったペットを忘れることは絶対できないし、忘れなくてもいいのだと思います。では、どうやって前に進めばいいのか。例えば失恋なんかも同じですが、時間を無理に前に進めることの大変さって、海で流れに逆らって沖に向かって泳いでいく感じ。いきなり進むんじゃなく、浅瀬にいる時間が大事だと思うんです。

その子の思い出話をし続けることとか、その子と一緒にいた時間を思い出していってください。これからもその子と共にあって良いんじゃないでしょうか。そのたびに悲しくなってしまうし、切なくなってしまう。でも、ちゃんと毎日1回悲しみの時間に戻る、ということを自分で決めたほうがいい気がするんですよね。最愛のペット以外の人とも知り合っていかなければいけない時に、「あらあらどちたの」というコミュニケーションは、自分の感情を伝えるいい練習になると思います。普段できない感情表現や、心のあり方を外に出してくれるから。

僕も犬を飼っていたことがありますが、犬のほうがどうしても人間と比べて寿命が短い。でも、自分が死んだらまたあちらの世界で会えるのを楽しみにしているんです。そのときに「あの後はこういう人生だったよ」って報告することを楽しみに生きている部分があったりします。

あなたとの時間があったからその後の人生でこういう経験ができたとか、こういう人とこんな思い出を共有できたとか、死に別れた相手にとってみたらそういう話は嬉しいんじゃないかな。そう勝手に想像しているんです。

水野美紀さんも相談しました

「つい怖い顔になってしまう」のが悩みです

みずの・みき
1974年生まれ、三重県出身。女優。「踊る大捜査線」シリーズをはじめ、映画、ドラマ、CMなど、数多くの作品に出演。2016年に結婚、17年に第1子を出産。

しいたけ.　はじめまして、しいたけ.と言います。

水野　はじめまして、水野美紀です。

しいたけ.　僕、今日のために水野さんの本『余力ゼロで生きてます。』を読んできたんです。めちゃくちゃ素敵な本で。

水野　えっ、ありがとうございます、わざわざ。

しいたけ.　子育て前と子育て後の変化が書かれていて。まるで戦場だなって。それで、いただいたお悩みが「やることが多くて常に考えごとをしているのでつい怖い顔になってしまうのが悩みです」というものだったんですが、そりゃ戦場にいるわけだから怖い顔にもなるわな、って。

水野　容量が足りないんですよ。幼稚園のこと、お稽古ごとのこと、仕事のこと、今日のご飯のメニューのこと……今日この後は何だっけ、明日は何かあったっけ、ってずっと考えてるから、子どもにしょっちゅう「怖い顔してる」って言われて。無意識にそうなっちゃうんです。頭の中で整理するのが下手なんだと思います。タスクをきれいにフォルダ分けして、っていうのが頭の中でできない。

しいたけ.　上手い人いますよね、フォルダ分けが。僕はずっととっちらかってる人間で。

水野　そうなんですか？

しいたけ.　とっちらかりまくりです。

水野　整理するのが下手なくせに、いっぱい抱え込んじゃうんですよね。子どもに習い事させたりとか。仕事も減らせばいいのに、頼まれるとついつい「やります」って。考えなきゃいけないことが三つ以上になると気持ちだけ焦って脳はなんにも動いてない状態というか、フリーズしてるような状態がよくあります。

しいたけ．　それはずっとなんですか？　お子さんが生まれてから顕著になった？

水野　子どもが生まれる前は自分のことだけ管理してればよかったので、そんなに大変と思うことはなかったんですよね。子どもが生まれてから自分の脳の許容範囲を知ったというか。

しいたけ．　うんうん。

水野　もうこれでいっぱいいっぱいなんだ自分は、って思い知らされますね。

しいたけ．　僕が昔読んだ、ある漫画家の方が、やっぱり子どもが生まれる前と生まれた後では自分の性格や考え方が一変したと言ってました。子どもが生まれる前までは、例えば友達に嫌われたとか、ＬＩＮＥが返ってこないとかそういうのを気にしていたけど、それどころじゃなくなった、って。それより次のご飯のことを考えないといけないから「嫌うならどうぞ」みたいな感じで。許容範囲がはっきりしたことで、今まで悩みだったことがまあまあどうでもよくなったらしいです。

水野　なるほどな〜〜。それはあると思います。一人で自分のことをあれこれ悩むための空き容量がもうないです。そんな先々のことまで考えられなくて、今日のこと、せいぜい明日までのことで精いっぱい。常に目の前を生きてる感じがします。

しいたけ．　そういうのって、世の中の表舞台に回らないタイプの大変さじゃないですか。風の噂では、子育てって大変だとか、でもみんなやってるから、とかいろいろ聞くけど、リアルな戦場のバタバタ感や大変さって、全然知られてないというか。僕自身は初めて水野さんの記述によって明らかになった部分が多くて。出産の地獄とかも。本を読んでて泣きそうになりました。書き残してくれてありがとうっていうぐらいに。

水野　本当にこれは書き残さなければいけないと思ったんですよね。もっと声を大にして「すごい大変だった」って言うべきだなと思って。「我慢して当たり前」みたいな空気が嫌なんですよ。

「なんか気持ち悪い」は生物として大事な感覚

しいたけ．　でも、バタバタしてる人って、最終的に救われている人が多い気がします。「私もうキャパがここまでだから、これ以上の優しい対応はできません、はいおしまい！」とか「次の日のお弁当の献立が差し迫ってるから、ごめんなさい、はいここまで」って言える人って、悪いものを自分のテリトリー内に持ち込ませない。それは、運のよさみたいなものにも通じる話で。それ僕は占いをやってる立場の人間として、運のいい人と悪い人ってやっぱり存在してると思うんです。

水野　なるほど。

しいたけ．　運がいい人って、「気持ちいい」「気持ち悪い」にめちゃくちゃ敏感です。

水野　それは、場所によって空気が違うとかもあるんですか？　例えば神社仏閣の空気と、昔何か事件があった場所の空気とか。

しいたけ．　合う、合わないっていうのはすごくありますね。科学的には証明できないけどどこか悪いものを受けてしまう人って、真面目で誠実なんですよね。一生懸命対応しなきゃ、自分から心を開かなきゃ、ってすべての人に対して思ってしまうから。もちろん人間同士だから付き合いもあるし、急に縁を切ったりは難しいけど、心の中でちゃんとバリアを持っておくのは大事ですよね。「あ、それ気持ち悪い、無理」「なんかやめとくわ」って。

水野　そういう感覚を持っていることも必要ということですね。

しいたけ．　「なんか気持ち悪い」っていう感覚は生物として大事だなと思います。

世の中の価値観も変わりつつある

水野　私、いま占いの番組に出演させてもらっていて、いろんな一般の人が占われてるのを見てきたんですけど、本当にみんなドラマを、すごいドラマを抱えて生きてるんだなと。

しいたけ.　ああ。

水野　それは占いを通して、話をするから初めて見えてくるものなんですけど。最初にその一般の人がぱっと画面に出たときに、勝手にこちらが画面に映る顔から受ける印象と、占いの先生と話す中でその人が自分の人生のこと・過去のことを話してくれたあとで感じる印象って全然変わっちゃうんですよね。

しいたけ.　一昔前までは「子育てが大変」とか「職場で上司と合わない」とか、そういうのって全部「みんなそうだから」で解決されてきたと思うんですよね。でも今、それでは解決できないレベルになったというか。解決策が一つではなくなったんだなとも思います。

水野　世の中の価値観がちょっと変わってきてるなっていうのも感じています。これまでは学歴社会や実力社会の中で、勝ち組・負け組が分けられて、勝ってお金持ちになって高価ないい車に乗っていいお家に住むことが目指すべき理想、みたいな価値観が何となくありましたけど。だから世渡りもうまくて、仕事もそつなくこなせてコミュニケーション能力も高くて、勉強もできて頭が良くて、っていう人が勝つ人みたいな。そういうことじゃなくて、その人にとっての幸せな生き方って何だろう、自分がどう日々を楽しんで充実した人生を送っていけるだろう、というほうに重きが置かれている気がします。

しいたけ.　変わってきましたよね。僕はいわゆる「リア充」とか「コミュ力」って、演技力を完璧にすれば手に入るものだと思ってるんです。演技って、うまく世渡りしたり、傷つかないためのものでもあるから。でも、その演技の壁をぶち壊された先にしか、幸せってないような気がして。自分自身の人生を振り返ってもそうですけど、幸せって必ず痛みを伴うもの。それまでのやり方が通じなくて、全部ぶち壊されて、ぼろぼろになって用意した一つの言葉や贈り物が受け取ってもらえた時に、幸せが現れる。だから「つい怖い顔になってしまう」という水野さんのお悩みも、水野美紀という人の演技が壊されて、なんのかっこつけもできない、何の武器も持たずにただ素っ裸で立っている、そういう状態だったり表情なのかもしれません。でもそれは、信頼している人の前、戦友の前だけでできる表情なんだと思うんです。

水野　みんなにいい顔しようなんて、そもそも絶対無理ですよね。いろんな性格の人、いろんなタイプの人、いろんな好みの人がいる中で、みんなに好かれるなんて無理。この仕事もそうなんです。ある意味、イメージを売っていく仕事ですけど、万人受けなんて無理ですね。気にし始めたらきりがないし。昔は自分がテレビに出ても、誰が見てどう思ってるかなんて知りようがなかったのが、今はＳＮＳで目に入ってきちゃう。

前向きな言葉に突き放されるときもある

水野　きっと占い師さんに相談しに行きたくなるのは、自分のつらいことを話して分かってもらえる、そういうことあるよねって共感してもらえることに、人がすごく救われるからだと思うんですよね。

しいたけ．　今って、すぐリカバリーさせるための場所が溢れかえっています。でも本当は回復させようとしない場所も必要で。僕の人生の中では、どうしようもない人たちが集まる池袋のラーメン屋さんがすごい救いだったときがあったんですね。みんな見えと嘘ばっかついてラーメン食べてる。その救いの場所では誰も建設的なアドバイスをしないいんです（笑）。占いでも、そこは見極めます。今は前向きな言葉をかけちゃいけない時だな、とか。

水野　前向きな言葉に突き放されたように感じてしまう時期っていうのもあるんですよね、きっと。そういう時って、普段は便利なＳＮＳもプレッシャーにしかならないですね。

しいたけ．　水野さんご自身も見られるんですか。ＳＮＳは。

水野　見ます、見ます。でも、ポジティブな言葉を10個読んで、ネガティブな言葉を1個見ちゃうと、ネガティブな言葉だけ残ったりするんですよね。だからそれをわかったうえで、ちゃんと腹を括って読むようにしています。あと私の場合は、たまった旦那への愚痴とかも、イライラするたびにメモしちゃう。それでのちのち脚本にしたり舞台の演目にしたり。

しいたけ.　水野さんならではですね、それは。でも書き出すのはいいですよね。書くって距離を取れることだから。ほんのちょっとでも笑えたら勝ちだし、書くことによって面白くできたらそれだけで結構救われると思います。

水野　ひとつひとつ無駄にしないで仕事に生かすという（笑）。

しいたけ.　山とかキャンプに行って浄化される人もいるし、それで浄化できない人は、書くことで憎悪の炎に飛び込むというか。あえて追体験することで、グツグツとしたものと一体化して、それで浄化していく。タイプが分かれる気がしますね。

水野　なるほど。昔はよく一人旅してたんですよ。悩み多き頃。逃避してましたね。遠くに遠くに。国内旅行じゃ飽き足らず、ギリシャの方とか1人で行って。あれで浄化されてたのかも。あとよく引っ越ししてたんですよ。

しいたけ.　浄化ですね、それも。

水野　逃避して浄化して。今は書くほうになりました。炎に飛び込んでいくほうだ。

しいたけ.　あははは。

悶々からの脱却法「私は○○を選ぶ」

占いや人生相談をやっていて気になることのひとつが、やはり「傷を受けやすい人」と「なんだかんだ、傷をかわしちゃう人」の二種類の人がいることなのです。これは言い尽くされていることだと思うのですが、傷を受けてしまう人は真面目であったり、やさしかったり、誰かの言った一言をきちんと受け止めてしまうことがある。ただひとつ、ここでまず言いたいことは、それらの性質は素晴らしいものなのです。なんで真面目でやさしい人が責められなきゃいけないのか。「器用じゃない」というのも、大事な長所であったりするわけだから。

もうひとつ話をしたいのですが、一昔前からよく言われるようになった言葉のひとつに「自己肯定感」があります。これは今の世の中で生きていく

のに必要になる性質とか、重要なスキルのひとつとされていて、

・誰かから嫌われてもそんなに気にしない
・ミスしても気にせず、次のチャレンジに移っていく
・傷からのリカバリーが速い

というようなもの。これ、書いていてもすごいです。僕自身は自分自身にあんまり自己肯定感はない人間なので、そういう「鉄の心臓」を持っている人に対して素直に「いやぁ、すごいなぁ」と正直に思ってしまいます。でも、「自己肯定感」を持つことはできなくても「自己肯定感風《ふう》」は持つことができます。自己肯定感は持てずとも、自己肯定感風を持った偽物になっていけばいいわけなのです。

どういうものが「自己肯定感風」なのか。それは簡単で、「私のおかげ」とか「私はすごい」とよく言っていることなのです。実際に、リカバリーが

速くて、ミスしても「まぁ、しょうがないか」と言って次のチャレンジに移っていける人。もしくは、誰かから嫌われた時に「私もああいうタイプ、ムカつくんだよね」と負けない心を持っている人って、けっこう口に出して「私のおかげ」とか「私はすごい」とよく言っているのです。「ある意味、持っている」という言葉も有効です。なぜだか知らないけどいつも通販で間違った品物が届いてしまうようなことがあっても「私はある意味、逆に持っているよね」と言っていると、自己肯定感風のモノが身についていく。

ただ、やはり2020年から21年の夏ぐらいまで、やっぱりすごい人々に孤独があったわけじゃないですか。この時期に多くの人は、「すべてを自己解決していくことなんて不可能だ」と思ったんじゃないでしょうか。僕自身も痛感しました。ひとりの力じゃどうしようもできないことがたくさんあることがわかった。

今まで、想像以上に多くの人が「ひとり」で背負ってきたと思うのです。

まずはそれが本当にすさまじいことで、ここまでやってきたひとりひとりの人に対して、誰も褒められなかった現状がありました。だから、まず言わせてください。あなたはちゃんとやってきた。立派でしたと。

仕事で大変なことがあっても、何かミスしてしまうことがあっても、考えてもしょうがないことを悶々と考えてしまうようなことがあったとしても、その時に「いや、考え過ぎだよ」と言ってくれる他人の存在はどれだけありがたかったか。

たまに会う友人とご飯を食べながら「すごくどうでも良い話なんだけど」と話すことでどれだけの気分が晴れてきたのか。人の心の中にポジティブなものも、そして、ネガティブなものも、やはりその場で留めておくのではなく、「何か、あるいは誰かにパスしていくこと」はやっぱりとても大事なんです。

そう考えてみると、通信網が発達していなかった時代に行われていた俳句とか短歌というものも、あれはやはり大切なコミュニケーションツールであったのかもしれないと思いました。自分の今の気持ちを「歌」という形で外に向けて出していくことで、「受け取り手の誰かしらは、この思いに共感してくれるかもしれない」と、そういう「救い」を求めたパスであったかもしれないのです。

しつこいけど、２０２０年から21年にかけて、これまであった「こういうやり方で乗り切れますよ」という一種のテクニックが、なかなか通用しない形になってしまいました。どうやったとしても、悶々としてしまう。出口は少しずつ見えてきたけど、あともう少しの辛抱としてどうやって悶々を乗り越えていくか。回避していくか。特別に強い人じゃなければ「自己肯定感」とか「精神の健康」を保てなくなっていたこの瞬間、どうやってサバイバルをしていくか。それが僕にとってもすごく重要な問いかけになっていました。

では、どうやったら悶々から脱却ができるのか。

やり方はシンプルで、「私は○○を選ぶ」と言ってほしいのです。

たとえば、やらなければいけない作業があるのについついつい動画サイトなどを見過ぎてしまうことは多くの人に体験があると思います。自分で知らず知らずのうちにだらだらする時間が長くなり、その結果、失われた時間に対して後悔をしてしまう。実は、「悶々とした時間」というのは、自分が設定した「理想の時間の使い方」に対して、実際のパフォーマンスが50％にも満たなかった時に出てくる後悔や罪悪感に起因するものでもあったりします。

では、どうしたらいいか。ここまで書いてきたようなことで、「あ、私はだらだらとしてきたな」と感じたら、とっさに「私はだらだらする方を選ぶ」と宣言してほしいのです。この宣言によって救われるのです。つまり、自分の意思でだらだらをする。そうすると、そこまでだらだらが深刻化しないし、短時間のだらだらで満足感を得られたりする。それをしないと「だらだらする予定じゃないのに、だらだらしてしまった」という罪悪感の方が強くなって、それで元の理想の軌道に戻すのに罪悪感とも対峙しなければならなくなる。そうすると、なかなかリカバリーができないのです。

「私は○○する方を選ぶ」という宣言は、たとえば無自覚にネットのニュースを追ってしまっているような時にも使えます。延々と暗いニュースを見て、重い気持ちになるのは、そこに無防備があるから。それよりも、きちんと「情報収集する方を選ぶ」と決めて、ある種「積極的にその作業の時間の中」に入っていくと「なんだこれは、バカバカしい」と言って切り上げていくことなんかもできる。変な言い方になるのですが「○○のおかげでこんな気持ちにさせられた」と被害者になるより、「自分の意思で積極的にその気持ちになるように関与した」と決めてしまう方が、気持ちの整理なんかもつきやすくなるのです。

今、だらだらをしないとか、1週間すべて同じパフォーマンスを発揮できる人なんていないです。

だからこそ、「だらだらしないぞ」という目標を立てるのではなく、「私は〇〇する方を選ぶ」という、自分の意思で決定していく。そうすると、ネガティブな時間も「自分にとってこの30分のどうしようもない時間は重要」とか、自分にとってプラスのものとして積み上げていくことができるから。

宣言はタダです。そして、高尚で立派な宣言をするよりも、「とりあえず部屋の周りをグルグル動いてみるぞ」とか、最初の一歩の宣言をしてみる。最初の一歩が一番重いから。「動かなきゃ」とか「何かやらなきゃ」と思うと上手くいかない。だから、最初の一歩は「4回息を吸って吐く」とか、そういうのがいいです。また笑顔で会っていくために。重いものにひきずられ過ぎずに、最初の一歩の宣言をしてみてください。

「空費＝ムダ」って大事
予測に忠実なだけでは
壁にぶち当たる

ROOM 3

Q

昔から、よく気がつく人や優しい人が大変な思いをするのを見るのがとてもストレスで、嫌なことを自分が引き受けます。とはいえ「また損な役回りを選んでしまった」と後悔したり、勝手に傷ついたりして、どうしたいのかわかりません。正直者が馬鹿を見る状況を、どのような心持ちで消化すればよいでしょうか。

（女性／会社員／42歳／ふたご座）

アイデンティティーを増やすとき。美容院や洋服屋さんで身をまかせる

お悩み相談という仕事をさせてもらうようになって、感じていることがあります。それは、人って、やっぱり自分のアイデンティティーを変えなきゃいけないときがあるんだな、ということ。

それがいつかというと、実は、大きな悩みを抱えているときだったりするのです。「自分が変わらないとそれ以上先に進めない」。時期は違っても、どの人にも平等にそういう時期が訪れます。

人はそれぞれキャラがありますが、例えば「暗くて人付き合いは苦手だから飲み会には絶対行かない」という人も、どうしても飲み会に行かなきゃいけない環境が出てきたりする。悩みを割とすぐ乗り越えちゃう人は「こうしてみたら？」という声にほいほい乗っちゃう人でもあるのです。

そして、苦しいかもしれないけどあなたもアイデンティティーを変える時期が来ている

ように思います。

アイデンティティーには僕なりの定義があります。それは「不安定になったときに帰れる場所」。例えば就職や転職をすると、1カ月ぐらいでついていけなくなる瞬間が出てきたりする。「本当にこの業務私にこなせるのかな」と不安になったときに帰る場所は「でも私は子どもの頃あれだけ必死でピアノの練習をした」とか「運動部で毎朝早起きして頑張った」。その帰る場所こそがアイデンティティーです。まずはそれをちゃんと誇りにしてほしいのです。

あなたの場合「いい人でいたこと」がアイデンティティーなのだと思います。それが壊れそうになっている。限界以上に「いい人」を引き受け続けてきています。これを消化するのは、もう無理だと思います。壊れてしまうから。

じゃあどうすればいいかというと、アイデンティティーを変えるか増やすのがいいと思います。アイデンティティーって一つじゃなくて、いくつあってもいいんです。

アイデンティティーを増やすためのやり方は二つ。それは美容院に行っておまかせでやってもらうか、洋服屋さんに行っておすすめを聞くこと。これはものすごく勇気がいることで、他人が決めた服を着るのは、人によっては全裸で街を歩くのと同じぐらい恥ずかしいことです。靴やバッグじゃだめですか？と聞かれますが、だめなんです。元の自分に戻れる位置にいては変われない。変わるには崖から飛び降りる覚悟が必要です。

ふたご座は外の世界に出るとすごく周りに合わせてしまうところもあるのです。別人体験をぜひやってみて！

Q

家族のことで相談させていただきたくメールしました。最近、私は初めて好きな人ができ、自分はレズビアンだと気づきました。家族にはカミングアウトできていません。家族に上手に伝える方法はありますか？　特に祖母は昔ながらの考え方です。現在は片思いの状態でパートナーはいません。

（女性／事務員／うお座）

外の世界で愛されていることが親を安心させる。タケノコご飯とか

初めて好きな方ができたとのこと。こういう素敵な話がもうちょっとフランクに、気軽に報告できる世の中がくるといいなとすごく思います。

ちょっと自分の話になってしまうのですが、僕が占いという仕事を始めたときにすごくありがたかったのは、家族の誰からも反対されなかったことなんです。「占いを仕事としてやっていこうと思う」と報告したとき、うちの親は説教したり人生の厳しさを教えたりしようとせずに「面白そうじゃん」と言ってくれました。すごく助けられた。後になって、親に「何であのとき反対しなかったの？」と聞いたら、「あなたは自分の好きなことをやるために、夜も働いたりしていたから」って。そこに信用があったみたいなんです。

親って子どもが想像している以上に子どものことを見ていると思います。欠点も含めて。親や家族にとっての一番の願いは、その子が

幸せに生きていくことです。幸せに生きているかどうかを判断する、僕なりの基準があるんですが、それは「職場の同僚や友達から、タケノコご飯とかをもらってくる人かどうか」だと思うんです。「作りすぎちゃったから食べて」って。

手作りのものは、あげる側も人を選びます。その人の幸せのお手伝いをしたいから、おすそ分けをする。壁がある状態の人には、手作りのものまで渡そうと思いませんから。

それで言うと、僕が親に反対されなかった理由も、バイト先からよく作りすぎたカレーとかをもらっていたからじゃないかと思っているんです。「この人は外の世界で愛されている。だからどこに行っても軌道修正してくれる人がいるだろうし、間違ってることは間違ってるよって言ってくれる人に囲まれていくだろう」と。だから占いという、世間的に少数派の道を歩もうとしても、応援してくれた。

いただいたご相談の文面を読む限り、あなたはとてもまっすぐで、精神的にも清らかなものを持っている方だと思います。周りからもきっと愛されているでしょう。

うお座の人たちと家族との関係を見ていると、庭にはいるけど鎖をつながれていない犬みたいな感じで、割と自由奔放にしている人が多いです。家族は自由にさせながらも見守っているし、自由にさせてもらっている側にも忠誠心がある。うお座の家族だったらすでに察している可能性もあると思います。

家族でもいきなり全員に向けてカミングアウトするのではなく、ターゲットを絞って大丈夫そうな人から相談してみるといいかもしれませんよ。

Q

フリーランスで仕事をしています。旦那とは23歳で結婚し、かれこれ20年くらい一緒にいます。子どもも大きくなり、お互い空気のような存在。やんわりと「締め」の空気が流れ、息子が高校にあがる3年後に卒婚しようと話し合いました。息子も了承済みです。が、コロナもあり安定のためにもこのまま続けるべきか迷います。

（女性／美容関係／40歳／いて座）

合意の上ならありだけど、今は慎重に進めたほうがいい

いて座は夫婦関係も、欧米型のパートナーシップ感覚に近い人が多かったりします。だからなのか、いて座から卒婚の話を聞くことは多いです。

そもそも「結婚」や「家族」には二つの大きな側面があります。一つは愛情。お互い引かれ合って好きになり、愛情で結ばれる。もう一つが「機能」です。大人になるとやらなければいけないことが多くありますが、一人の人間には得意なことと不得意なことがある。それを一つの組織としてカバーし合って難局を乗り越えていきましょう、つらいことがあったら慰め合いましょう、というのが家族の「機能」の一つでもあります。

10年や20年の長い間を家族として過ごした人同士は、信頼関係があり、友達に戻っても家族としての機能は残せるケースがあると思います。家族のうちは、法的な契約も含めてできないことがありますが、合意の上なら友

達に戻ってもより家族の機能を強化できるかもしれない。世の中には離婚後のほうが仲がいいご夫婦も多くいらっしゃいます。

いて座は、恋愛関係をキープしたいという気持ちが結構強いように思います。生活を共にしてその人の現実面が全部見えてしまうと、テンションが下がってしまう人たちでもあるのです。

卒婚は、今後増えていくだろうなと思います。今の時代に生まれた僕らは、80代まで成長し続けなきゃいけないから。昔は40代である意味一線から退けたけど、今は80代まで毎年アップデートしないといけない。刺激がないとアップデートできない人たちもいると思うんです。いくつになってもガールフレンドやボーイフレンドがほしい、気持ちとして若くありたい。合意の上ならそういう生き方もありだと思います。

ただし、なんですが。やっぱりコロナのこともあり、今は慎重に進めたほうがいい、というのが個人的な意見です。1カ月後がどうなるかわからない時代に我々は急激に突入してしまいました。収まってはいくだろうけど、やっぱり防衛機能は強くあった方がいい。自分の仕事は順調でも、パートナーや子どもが、いつ気持ちや心が折れてしまうとも限りません。そういう時に「守る・守られる」という二つの機能は、維持しておいてもいい気がするんですよね。

友達関係とか夫婦関係を解消する、切るのはいつでもできます。落ち着いたら切っていってもいいけど、こういう状況が続く限りは支え合う人も必要です。2021年以降まで様子を見てもいいのではないでしょうか。

Q

お風呂に入るのが面倒です。テレワークが続いて動かないのでたいして汗もかかず、人と会う機会が激減しているので多少汚くても、と……。つい数カ月前まで朝にシャワー、夜は湯船につかっていました。鏡に映る髪がペタッとした自分にそっと目を伏せる日々。どうすれば人の目がなくても清潔感を維持できるでしょうか。

（女性／会社員／46歳／さそり座）

「普段」を、修行と思って続ける。この状況が終わったら誰に会いたいか考えて

どうでもよくなってきてしまうその気持ち、よくわかります。同じような状況の方も多いのではないでしょうか。

今のような自粛期間は、多くの人たちが味わったことがない種類の「ダメージ」を受けていると思います。無常感というか、みんなが孤立しているわけですよね。多くの人が人に会えない、しゃべれない、顔色がわからない。

究極のところ、人が生きる意味は、自分にあった出来事を誰かと顔を合わせて報告することにあるのではないかという気がします。僕は喫茶店に入ったりしたときに隣に座った関係ないカップルの話をこっそり聞くのが面白くて好きなんです。そんなことでケンカするの？とか。無駄な情報なんだけど面白い。でも今はそれが全部遮断されてしまっている状態。その中で生きることって、もう「修行」に近い状態だと思うんです。

全員が計り知れないダメージを受けている。

テレワーク、お風呂に入る必要ある？

僕は長く占いという仕事をしてきましたが、お客さんとしていらっしゃる方の心のダメージが深ければ深いほど、身だしなみに表れます。美容院に行く気力がなくなり、ネイルをしたり靴をきれいに保ったりということがどうでもよくなってしまうんです。それはやっぱりダメージを負っている証拠。

今の状況では、想像力が強い人ほどダメージも大きいです。コロナには今のところ解決策がないし（※2020年夏の頃）、個人の頑張りでどうにかできることではありません。どうやっても世界が傷ついていってしまう、その状況を感じる力が強い人ほど、きっと無力感を持ってしまうでしょう。

僕は今を生きる人たちは、ある程度、想像力のコントロールが必要だと思っています。ニュースから離れる時間を取ったり、ご飯を食べる、お風呂に入るなど普段できていたことを、修行だと思ってやり続ける。この状況が終わったら誰に会いたいか考えながら、鏡を見て身なりを整える。自分を保つために。希望を持つと傷つきそう、と思うかもしれないけど、「これが終わったらあれをしよう」という希望は結構自分を持ちこたえさせてくれるものですよ。

あと、さそり座は人生のいくつかのタイミングで、心の緊張の糸がぷつっと切れる時期があります。人に尽くしたり、喜んでもらうことが好きなんですが、自分がかけた愛情に対して相応のものが返ってこないと、「もう私のことは嫌ってもらって構いません」と自暴自棄みたいになることがある。心の中に押し込めていた暴力性が出てきたときは、少し疲れている証拠です。

Q

黒色の服が苦手です。かっこよく、他の色にも比較的合わせやすいのですが、着ているとどうしても後ろ向きな気持ちになってしまい、着ることを避けてしまいます。靴やかばんなどの小物は気にならないのですが、服の場合は鏡で自分の姿を確認する時に目に入りやすいので、つい気にしてしまいます。

（女性／会社員／23歳／みずがめ座）

「まじないの世界」に生きるみずがめ座。異文化に触れると楽になれる

これはとてもみずがめ座らしいお悩みだなと思いながら読ませていただきました。

みずがめ座って、誰に教わったわけでもないんだけど、小さな魔術に囲まれて生きているようなんですね。例えば道端でアリやお花を踏んじゃうことってあるじゃないですか。誰でもバツが悪く感じますよね。みずがめ座はそれが特に強い人たち。踏んづけた時に、自分の中でバランスを取るために何か自分に悪いことが起こらなければいけない、と思うところがあります。フェアじゃないと気が済まない人たちなんです。逆にいいことが起きた後も、あまり喜ばないで、それに伴う努力をしないとこのいいことが悪いこととして自分に返ってくるんじゃないかと恐れます。そういう「まじないの世界」というか小さな魔術的な世界に生きていて、アニミズム、精霊主義的な部分が強い人がみずがめ座には結構います。

もう一つ、みずがめ座はすごく理性的な人が多いんだけど、その半面、暗示にかかりやすい人たちでもあります。特に若い時に多いのですが、自分が影響を受けた人の発言や考え方が、自分に乗り移っていることが多い。これは推測ですが、あなたの場合も誰か身近にいる好きな人や影響を与えてくれた人が、黒い服が苦手な可能性もあると思います。大好きなお母さんに「黒ばっかり着てると夜危ないよ」と言われて、その発言がずっと記憶に残っているとか。

黒は、長い時間をかけて全部吸収するような色でもあります。苦手なことも含めて自分を大きくしていくという色なんですね。そういう視点で、黒の良さもわかってもらえるといいのかなと思います。

みずがめ座が、魔術的なものから解放されるためには、外国文化に触れることがおすすめです。民族や文化によって、こだわるところとこだわらないところって全然違いますよね。異文化に触れると、自分がこだわってきた文化や習慣を客観的に見られます。今はなかなか旅行も難しいので、各国料理のお店に行くなどでも十分だと思います。例えば国によってはご飯を箸じゃなくて手で食べる場所もある。箸で食べるべきというのが単なる自分たちの習慣に過ぎなかったんだとわかると、安心できるんです。

ちなみに、黒ばかり着る人は、防御反応が強い人が多いですね。私を見ないで、という防衛反応というか。気遣いがあって、過敏なぐらいに敏感な人は、色を身につけるとその色が気になってしまうので、瞳を閉じるような意味で黒を選ぶことがあります。

Q

中学・高校と、不安や自意識から夢中になれることもなく、勉強ばかりしていましたが、結局病んでしまいました。それから、自分を見つめ直し、楽しいことを中心に今を生きていこうと決めました。今では趣味も見つかり、心の潤いを感じています。しかし、10代を空費したと時々、暗い気持ちになります。

（男性／浪人生／18歳／やぎ座）

「空費＝ムダ」ってすごく大事。予測に忠実なだけでは壁にぶち当たる

さらっと書いていますが、本当にすごいことだと思います。楽しいことを中心に今を生きようと決めるのは、なかなかできることじゃないです。

病んでしまうくらいまで一度入り込むと、今度は楽しむのも「楽しまなければいけない」とプレッシャーになってしまう。楽しいって、バランスが難しいことなんです。

10代をほとんど空費してしまったというあなたにお伝えしたいのは、「ムダってすごく大事なもの」ということ。よく言われるかもしれないですけど、聞いてくださいね。

大人になるとどの人も、何らかの形で仕事に関わらなければいけなくなります。仕事とは、予測された成果を出すために努力する行為だと思うんです。気晴らしでやるのは仕事ではないし、こうなったらいいなという希望的観測だけじゃなくて、数値の目標も出てきて、どうそこに近づけていくか。たどり着くために頑張らなきゃいけない。

そんな中、仕事が思った以上に面白く転がったり、仕事で面白い人たちと結びつくことができたり、奇跡を起こす人たちが出てきます。その人たちこそが「ムダを知っている人」だと僕は思うんです。

仕事や勉強に勤勉であることの最大のデメリットは、「予測に対して縛り付けられてしまうこと」だと思うんですよね。それも素敵な能力ではあるのですが、まじめで予測に忠実なだけでは壁にぶち当たる。その壁を越えるときに、一見ムダな経験が力を発揮するんだと思うんです。

それは「どこかで帳尻があうようにできている」という僕の占い師としての感覚でもあります。5回中5回当たりを引いて幸せを手に入れちゃうと、実は崩壊が早い。1回ぐらいハズレくじを引いておく必要がある気がするんですよね。仕事でも、これは明らかにハズレくじなんだけど、これをやると自分にとっての新しい扉が開くかもしれない、ということがあります。

10代を空費してしまった、というハズレくじと付き合っていけば、いつの間にか自分の限界を超えて、とても面白いことになると思います。

昔の人は、新品の服を買ったときはあえてどこか汚しておいたそうです。日光東照宮の「逆さ柱」も、あえて未完成の状態にしておき魔よけの意味を持たせた。「あえて完璧にしない」というのは昔から思想としてあるんですね。

やぎ座はプライドが高くて、間違ったこと、外れたことをやってしまった時に傷つきがち。でも、外れている部分こそが個性であり、才能として伸ばせる部分なんです。

Q

異常に源氏パイが好きです。1日に、お徳用源氏パイを半袋（14枚）食べていることも。噛んだときのサクホロ感が好物で、お徳用を見つけたら買いだめ。お菓子箱が鎌倉幕府ぐらい源氏だらけ。小腹がすいたとき、昼寝起きなど、頭に浮かぶのは源氏パイで、完全に紫式部。普通に太るので困ります。

（女性／主婦／35歳／やぎ座）

自分の闇を解決するための「小さな自傷行為」かもしれない

ご回答します。

生きているといいことも悪いこともありますが、まあまあ自分の幸せを保ちながら生きている、生きることがうまい人っている気がします。

そういう人たちに共通しているのが、変な言い方ですけど「小さな自傷行為」を持っていることです。

自傷行為と言ってもリストカットのように行きすぎてしまうと医療機関に行ったほうがいいんですが、そうじゃない、ちょっと体に悪いこと。例えば僕だったら、夜中にやるゲームとか。すごく気持ちいいんですよね。

気持ちいいことってだいたい体に悪いことなんです。夜中にやるゲームは目にも悪いし、次の日の仕事のためにも早く寝たほうがいいんですけど、「早く寝なきゃ。なんでこんなことしてるんだろう」と思いながらゲームをしていると、何かがすうっと浄化されていくのがわかる。

　辛いものを食べるのもそうだし、登山やマラソンも本当はあまり体によくない行為だと思うんです。源氏パイの食べすぎも、僕にはその小さな自傷行為の一つに思えました。

　やぎ座は特に自傷行為が多いような気がします。外で仮面を被って生きているから、家に帰ってきた瞬間にその仮面を脱ぎ捨てたいという願望を持っているんですね。外に合わせていたスイッチを家ではオフにしたい。

　やぎ座のお隣の星座のみずがめ座も同じような一面があります。やぎ座は、3日に1回自分のレベルを落として寝転がりながらお菓子を食べたりしますが、みずがめ座は1カ月単位でそういう時期が来たりします。その分少し闇も深い。闇期の自分を持つことでバランスを保っているところがあるのだと思います。

　だから、どうぞ鎌倉幕府として源氏に囲まれて生き続けてください。

　やめたくてもやめられない体に悪いことを持っている人に何かアドバイスするとすれば、目的を逆にしてみてはどうですか？ということ。

　例えば、末永く堕落するために運動をするとか。そっちを目的にしてしまえばいいんです。ピザポテトとかジャンクフードを気が向いたときにおなかいっぱい食べられるように、日頃から運動しておく。堕落のためにジムに通って体を鍛えてみると、意外と長続きしたりします。堕落すること自体は自分から取り上げなくていいと思います。

　自分の闇を解決するための自傷行為を知っている人は、幸せにバランスを保って生きていけます。ケーキを2個食べちゃって！

Q

5年間勤めた職場をやめ、カナダへワーキングホリデーに旅立つ予定でしたが、コロナの影響で延期中です。この1年、仕事に英会話にと、忙しく過ごしてきましたが、近頃はやる気も出ません。友人たちは結婚して子どもを産み大人になっていくのに、自分だけ置いていかれている感じがします。

（女性／無職／29歳／おひつじ座）

自分軸キャリアからの転換
心配ネットワークが必要です

　はじめに「コロナという現象が大きく変えたもの」についての話をしたいと思います。
コロナ前まで、日本だけではなく世界の兆候として、先進国にはいわゆる「自分軸キャリア」がありました。終身雇用制がなくなって、自分で資格を取ったり人脈を広げたり、副業もして、何があっても生きていけるようにしましょうって。社会の兆候がサバイバルに近づいていって、どこでも自分一人で生きていけることがよしとされてきた。

　でも、コロナで大きな中断が生まれました。「コロナが変えたもの」というと、今は悲劇の部分だけが目立っていますが、これから先は違う主軸が出てくるような気もしています。その一つが僕は「横のネットワーク」だと思っています。これは「みなはどうですか」と聞くネットワークです。「あなたはどうですか？　みなはどうしてます？」と聞く。心配ネットワークと言ってもいいかもしれません。

コロナのせいで

コロナ前までは自分のことは自分でやって、勝ち残っていくというやり方でした。でも、一人で勝ち続けたとしても、コロナみたいな社会の変動が起きたら、無に帰す可能性やリスクが見えてきてしまった。理想主義だけでなく、現実主義的に助け合わないとやっていけない社会になったと思うんですね。愚痴も含めて「みなはどうですか」と聞いて、誰かを気にかけること自体が助け合いです。

自分軸キャリアで「自分は3年後、5年後に何をしていたいか」だけを考えて奮闘することは素晴らしいことですが、実は孤立した人間関係です。ひとたび社会の大きな変動が起きると、すごい無力さを味わうことになる。心配ネットワークがなぜ必要かというと、今コロナによって、どんな人でも大なり小なり意味喪失を味わっているからです。

留学に向けて準備し頑張ってきたあなたの場合、その喪失感は本当に大きく、落ち込むのが当たり前だと思います。1年間頑張ってきた努力が消えたショックの回復には1年以上かかる。自分の至らなさのせいだと思ったり、周りはこんな生活をしているのに、と比較することはしないでください。絶対に違うから。

もし少し回復して、前を向いて歩いていこうと思ったならば、自分に起きたことを英語で発信してみてはどうでしょうか。「留学に行きたかったけど、行けなかった。でも必ず行くから」という思いをたくさん発信し続ければ、現地から誰かが「待ってるぜ」のメッセージをくれるかもしれない。未来で会う約束はあなたの支えになってくれます。

Q

カメラを始めて、今後ポートレート撮影をしていきたいと思っています。仕事は派遣社員で不安定ながらも続けていますが、このところ今まではありえないミスをするようになり、契約を切られるかもしれません。カメラの道はものすごく楽しい！コレだー！と思ったけれど、突き進んで大丈夫？と不安です。

（女性／派遣社員／46歳／やぎ座）

まずは紙に書いてミスの分析を。なんとなく幸せそうな人こそ応援したい

やぎ座の集中力は、12星座中トップレベルです。好きなことに没頭していると、周囲の音が聞こえなくなる時間があります。僕はそれを才能と呼びたいんだけど、その人の社会生活を壊すレベルまで没頭してしまうことがあるんですよね。やっていきたいことと、今ある生活のバランスをどう取っていくか。それがちょっと課題ですよね。やぎ座が飛躍するには、二つのことを同時にやる試練が訪れます。

僕のアドバイスとしては、まだ一つの仕事を切って次の場所に移動する時期ではないような気がします。「ただ今の仕事を続ける」わけじゃなくて、自分の意識を「ひとりの自営業者として、ここでいろいろなことを学ばせてもらっている」と切り替える。

何か専門的な技術を仕事にしていく上で、バランスを取ることは、欠かせないことのように思います。予算とか、他の人の依頼に対してどう応えるかとか。それらと、自分の追求したいことを両立させるバランス感覚は、一番必要なスキルになります。

そのためにやってほしいのがミスの分析です。こういう場面で追い詰められてミスを連発しやすくなる、これを冷静に日記やメモ帳に書いていく。「ミスしてこういう心境だった。こうフォローした」とか。自分をカメラで撮る感じで冷静に見ていく手段が「紙に書くこと」なのです。

紙に書いて自分のことを客観的に見られるようになると、ピンチの時もしぶとくなれます。ピンチの分析を自分で前もってできているわけだから。「今回はこういうパターンを試してみよう」と余裕すら生まれる。少しずつ余裕が出てくると、相手の注文に対して「まぁまぁ当たり」の対応ができるようになります。

そうすると「もし違う会社に行っても、次のことやっても応援するよ」という声がぽつぽつと増えてくるはずです。応援者が身近に3人以上になったら、卒業のタイミングにしてもいいかもしれません。

「応援される力」は、やりたいことをやっていくためにとても大事。ここからが重要ですが、応援される力を持ってる人は「なんとなく幸せ」な雰囲気を出しています。例えば水曜日はきつねうどんの日と決めて、お気に入りの立ち食いそば屋さんで食べる。それが自分の幸せと思っている人は、他の曜日でも幸せそうな空気を発しています。この人に関わりたい、また一緒に仕事をしたい相手って、実は能力がずば抜けている人より、なんとなく幸せそうな人。あなたにとってのきつねうどんも大事にしてみてください。

Q

4年間ホテルで調理の仕事をしてきました。やりがいもありましたが、ハードな立ち仕事と精神的疲れで、悩んだ末に退職しました。お客様に美しい料理や空間を提供できる仕事が好きで、今はカフェでアルバイトをしています。キッチンカー開業を決意しました。決意表明を聞いてほしくてメールしました。

（女性／アルバイト／24歳／おとめ座）

プラスとマイナス両面知る人は強い。「絶対ツイてる」と言い聞かせて

決意表明ありがとうございます。今回、僕からは特に言うことはありません。というのは、あなたは物事のプラスとマイナスを知っている人だから。ホテルで調理のお仕事をしてきて、やりがいと幸せ、つらさやきつさ、両方を知っている。これから何をするにしても、両面が見られる人なら、うまくいく可能性が高いと思います。きつい中でも、どうやったら人が喜んでくれるか、きちんと考えていく人だろうから。もしキッチンカーを始められたら、僕は絶対食べに行きたいです。

この決意表明に対して、一つ自分の話をさせてください。僕が占いの仕事を始めるときのこと。僕には兄がいるんですが、一つ条件を付けられました。必ず一度は就職活動をしろ、と言われたんですね。

自分ルールの世界に入る前に、世間のルールを知りなさいという意味だったと思います。

占いを始めてからも、兄は自分の会社の飲み

決意しました

会に僕を呼びました。僕ぐらいの年齢の人たちが組織という場所でどんな苦労をしているのか。占いの代金として僕に支払われるお金が、どんな思いで働いて得たものなのか、知っておくようにと、うるさく言われました。今でもすごくありがたいなと思っています。

世界や世間を知ることは、時には見たくないものもあるけど、一生役に立つ勉強になります。自分が勝てばオーケー、じゃない。何て言うのかな。どこかでブレーキになってくれる気がするんです。「やりたいことをやっていい」というルールの中で、自分だけが勝手なことをしちゃいけない、っていう。結局はそれが自分の信用にも繋がります。

プラスとマイナスを知った上で立ち止まった経験がある人は、強いです。それはきっと都合のいい自己解釈をしなくなるから。世間を知っているからこそ「自分が楽な方向に考えたいだけで、そんなに甘くないよな」って判断できる。それが24歳でできているのだから、本当に素敵です。

一つだけアドバイスをお伝えするなら、不安になった時は「大丈夫、私は絶対ツイてる」と自分に言い聞かせてほしいです。プラスとマイナスではどうしてもマイナス側のほうが見える景色として強くなりがちです。自分を後押しするために「私なら絶対大丈夫」って唱えてください。

おとめ座は自己採点が厳しくなりがちだから、親友みたいなアドバイザーをつけるのもおすすめです。全員の話を聞くんじゃなくて、親友枠の人にいいことも悪いことも正直に言ってもらって、信用するのがいいと思います。

Q

付き合って4カ月の5歳年上の彼氏がいます。アプリで出会ったのですが、会話のテンポや雰囲気が合い、とても居心地がいいです。彼は現在フリーターで、仕事を探すとは言っていますがいつまで待てばいいのか、信じていいのかわかりません。この人と結婚したいと思いますが、少し焦っています。

（女性／福祉関係／25歳／いて座）

「あなたはそのままでいいよ」が相手を変えるただ一つの方法かも

他人のルールや習慣を変えるというのは、前提としてとても難しいことではあります。知り合って間もない、1、2年の場合は特に、です。

唯一、知り合って間もない人同士が相手を変える方法があるとしたら「あなたはそのままでいいよ」と伝えることじゃないかと僕は思います。

あなたと出会って仕事が楽しくなった、未来を見ていくことが嬉しくなった、旅行もあなたが隣にいてくれるから楽しい。相手じゃなくて、自分にどういう変化があったかを伝える。そうすると「自分も変わらなきゃ」という気持ちになる場合もあります。

結婚を意識し始めたときに、相手に変わってほしい、という思いを持つ人は多いと思います。でも、「その人が変わる」のは、「向き合う相手を通じて、自分に自信を持つ」のが唯一の方法になります。

たとえ変わったほうがいいと自分でわかっ

ていても、正論をぶつけられると、これまでを否定されたような気持ちにもなってしまうから。知り合って間もない場合は余計に、意地になってしまうんです。

だから、やってほしいのは、相手に何も求めず、彼の3歩先を行くこと。「あなたと知り合って人生が楽しくなった」という幸せオーラを出していると、いろんなことに自信がついていきます。極端なことを言うと、彼を変えたい時は、「彼以外の自分の行動範囲とか、取り組み方を見直す」のが一番手っ取り早かったりするのです。

人はすごく不思議で、自分に自信がある人に「そのままでいいよ」と言われるとすごく嬉しくて、それで「変わらなきゃ」と思ってしまう。結婚の前に立ちふさがってくる壁というのは、実は「自分への自信」になってくるのです。

いて座は、恋愛や熱愛になると、世界で唯一のその人の理解者になろうとします。相手がどういうものを背負っていたとしても、自分だけは絶対にこの人を応援するという強烈パワーがある。だから自分が好きになった会社に入ったときなんかはすごく大きな戦力になってくれる人たちなんですが、極端な恋愛になりやすい人たちでもあります。好きな人ができると、もう本当に何時間でもその人の話ができちゃったりするから。

恋愛中のいて座へのアドバイスとしては、せっかくだから彼との二人だけの物語に浸り切るんじゃなくて、外への開拓も同時にやってみてください。例えば一人で映画に行ってみるとか。外で一人の時間を持つ。そういうことを何かやっておくのがいいと思います。

Q

あとひと月で20歳が終わります。1年浪人して、昨年大学生になりました。大学で何を頑張ったか、と考えていたら、思いついたのは19歳の時の出来事ばかり。今年自分は何をしたんだろう。あとひと月で何ができるだろう。迷いと、大きい不安と小さい不安。こんな年があってもいいのかな。何ができるか、勝手なプレッシャーもじわじわと。

（女性／大学生／20歳／てんびん座）

今の状況はあなたのせいではない。瞑想で挫折への備えを

２０２０年は全員が「遭難」に近い状態にあったと思います。例えばおはようってあいさつして、二言三言話すとか、人の顔を見るってすごく大事な儀式だったんだなと気づかされた。完全に人と会えない状況にいると、考えなくていいことも考えて、自分で抱えすぎてしまうことがあります。

あなたの場合、20歳というメモリアルな年齢で、なおさらだったかもしれません。

人ってどうして頑張れるのかというと、変化があるから。頑張ると結果が変わるとか、周りの人の扱いが変わってくるとか、変化が見えるからこそ頑張れる。遭難状況でつらいのは、無変化なことです。多くの人は「何のために頑張るんだろう」という気持ちが強くなったと思います。

ただ、いい方向で捉えるとすれば、この強制的に遭難させられた期間は、挫折訓練になるんじゃないかなとも思うんです。人生の中

で挫折はいつ襲ってくるかわかりませんが、挫折に陥ったときに最初に出てくる言葉は「こんなはずじゃなかった」です。自分が期待していた変化や努力のイメージに対して、1%ぐらいしかできなかったら自分にがっかりするし、空白感や、虚無感が出てきてしまう。挫折に対する備えをどうやるか。

僕もやっているんですが、お勧めしたいのが瞑想です。目を閉じて、息を吸うときに1、吐くときに2、また息を吸うときに3って数えて、数字に集中する感じ。その間、今の自分の事情から離れることができます。いろんな心配事や抱えている問題から離れられる。24時間毎日自分を抱え続けるのは、むしばまれていくというか自分の気持ちが傷んでいくことでもあるから。瞑想で自分の事情から離れて、自分を修復することができるんです。

1日5分でいいから、やってみてください。瞑想中、いろんな妄想が出てきても放っておいて。何の動きもない状態で、自分全体のボリュームを下げていくイメージです。気持ちがしずまってくると、あ、ここに糸口があるじゃん、と気づかなかったチャンスを掴める。

経営者でもアスリートでも、チャンスを掴んでいく人は、調子がよいときも悪いときも、マインドのコントロールを欠かさずにしています。

てんびん座は対策を取れなかったことに対してすごく恥じる人たちです。とてもつらい状況でも「すべて自己責任」と思ってしまうことがあるので注意してください。今の状況はあなたのせいではありません。あと、状況が動きだしたときのために体力を回復させておくのも今は大事です。

Q

以前勤めていた会社で体調を崩し、今は離職、体調を整えながら転職活動中です。今までは頭で考えて心を置き去りにすることが多かったのですが、体調を崩してからというもの、自分に向き合わざるをえなくなりました。自分の気持ちから逃げず、人と向き合うにはどうしたらいいでしょうか。

（女性／派遣社員／25歳／かに座）

運命や運の傾向に注意を向けてみて。面白い変化が起こるかもしれません

自分と向き合うということについて、今回はお話をしたいと思います。

人生がうまくいっている人たちの特徴の一つが、「自分の時間と体力が有限であることをわかっている」ことなんじゃないかと僕は思っています。きつい言い方をするなら、「無駄なことをとにかくしたがらない」というか。

若いときは体力があるので、付き合いを増やさないといけないとか、これをしないと嫌われる、みたいなものも無理をすればできちゃうことがあります。でも25歳ぐらいを超えるときつくなってくる。「なんか私、これをやると異様に疲れるんだよね」って、コストに合わないことがわかってくると言うんですかね。

それはもう、切り替えるべきときです。体調を崩したのならなおさらリセットのとき。向き合わなくていい人に対して真剣に向き合っていると、どんどん削られていくことがあ

自分と向き合うには

ります。人と向き合うことってもっと楽だし、楽じゃない人とは付き合わないほうがいい。飲み会に行かないキャラになるとか、合わないことからは手を引いても大丈夫。

もう一つ、自分と向き合うということは「自分の運命の傾向を知ること」だと思うんですね。自分と向き合おうとして内面を見つめて自分探しを始めても、それは沼みたいなもの。そこにハマっていてもなかなか答えは出ません。それよりも、「こういう部分で努力するとまあまあうまくいきやすい」「これは自分の好きな分野だけど、頑張ってもうまくいかないことが多い」「こういう人には好かれやすい」などの運命とか運の傾向に注意を向けてみてください。人がなぜ一人旅に出たりお寺に行ったりするのかというと、運命と対話するためだと思います。運命はどうやら私を向こうに行かせたがっている。その運命の声に耳を貸してみると、面白い変化が起こる可能性がある。絶対ではないし感覚的なものなんですが、それが自分と向き合うことなんじゃないかと思います。

かに座は、仕事でも人間関係でも「無理なものは無理」というラインがある人たちです。どうしても好きになれない人、もかに座には多い。

かに座はデリケートな人たちだからこそ、「変な自信」を持っていてください。それが自分の盾になってくれるはずです。例えば「私はおいしくお酒を飲むことだけに関しては誰にも負けない」とか。あまり世間一般に役に立たない能力だったとしても、変な自信を自分の中にいくつか持っていると、実際に負けなくなっていきます。

Q

大きな行事のときに人間関係がうまくいかなくなります。本当に驚くのですが、小学生から高校生まですべてです。班決めというお決まりの流れが苦手で、早く終われと祈っています。みんなの表情や声色からいろんな感情がわかってしまって余計つらいです。なんでいつもこの時期に人間関係がうまくいかなくなるのでしょうか。

（女性／高校生／18歳／かに座）

大人になると楽になります。閉鎖的世界での知恵と経験は役に立つ

このタイプの方は、大人になると楽になれるんじゃないかと思います。学生時代は、実は顔を立てなきゃいけない人たちが多いです。学校はある種の閉鎖空間だし、自分で決められることも限られる。例えば東京に住んでいたとして、東京は嫌だから神奈川に行くとか、そういう移動の自由も限られますよね。閉鎖的なグループで生活をしなければいけないときに、行事とかイベントとかは「楽しいものだけ」じゃない気もします。

行事に1年分のパワーを注ぎたい人もいるわけで、そういう権力やパワーを持ってる人の顔を立てなきゃいけないこともある。閉鎖された空間で個性を出すと、攻撃されてしまうこともあります。

でも、18歳まで頑張ったから、もう大丈夫。そろそろ個性が出せる空間に行けます。大学生になったらもう半分大人だし、自分を出してもそれが嫌いな人は去っていくし、好きな人はもっと近づきたいと思ってくれる。

　これまでの閉鎖的世界での知恵と経験は、大人になってからも役に立つはずです。幸せになるための知恵と言ってもいいかもしれない。なぜかというと、大人になってから幸せに生きていくには、人のテリトリーを侵食しないことも結構大事な気がするから。例えば飲み会にすごくこだわる人っていますよね。いろんなお店を知っていることを生きがいにしてる人。そういう人のプライドを奪っちゃいけないから、「いいお店ないですかね?」と一声かけるとか。そういう知恵も大切です。

　かに座はみんなが盛り上がってるときに、つい冷たい事実を投げかけちゃうんですよね。周りが100度に沸騰してるときに、20度ぐらいの冷水を浴びせてしまうんですね、うっかり。「これ全然面白くないじゃん」「これ絶対うまくいかないよね」って気づいちゃうんです。

　仲が良くて喧嘩もできる、本音をぶつけながらいいものを作り上げていく関係なら、ガンガン言っていいけど、これは無理だと思ったら火の粉を浴びないようにニコニコしておいたほうがいいときもあります。自分の意見の前に、相手の意見に「面白いね」と言ってあげるとか。ちょっと注意が必要かもしれないです。

　あと、人と合わない悔しさや悲しさは、ちゃんと持ち続けてほしいと思います。みんなが面白いという映画が全然面白くなかったとしても、じゃあ自分にとっては何が面白いんだろう、ってそこから深掘りが始まっていくから。そのマニアックさがあなたの面白さにつながっていきます。

Q

いろいろなことに挑戦するのが好きなのですが、他人に見られるのが恥ずかしいです。ダンスを習い始めた時も1人で練習するのは好きなのに、他人の前や鏡の前で感情を出すのが苦手です。友達の前だと特に「私のキャラじゃないし……」と恥ずかしくなってしまいます。

（女性／アルバイト／25歳／おうし座）

「さらさなければいけない」圧から距離を取ってもいい

とても健全だと思います。「私のキャラじゃない」というのがわかっているのはとても素晴らしいことで。おうし座は12星座の中でもトップクラスでシャイな人たちが多いですから。

SNSが全盛のこの時代、「平均値」がわかりにくいんじゃないかって僕は思うんです。SNSを開けば、休日やプライベートの紹介があふれています。ダンスのレッスンでも、ここまで踊れるようになったよと発表する投稿も多いでしょう。それを見るとつい「私も発表しなきゃ」という気になる。でも自分の姿をさらす人って、そこまで多数派ではないと思うんです。数としては少なくて、100人に1人とかかもしれません。

SNSの「バズり」も、少数のマニアックな意見がたまたま一緒になっただけなんじゃないかと僕は思っています。みんながみんな、猫のしぐさがかわいいと思っているわけではなくて。そのとき瞬間沸騰的にバズったものが、多数派に見えてしまう。

「さらさなければいけない」「さらさなければいけない」圧や、立派な自己紹介をしなければいけない恐怖からは、少し距離を取ってもいいと思います。

例えば僕もすごく困るのが、「趣味はなんですか?」とか「休みの日は何してますか?」と聞かれたとき。休日はロクなことしてないから説明ができないんです。実際、洗濯機回すぐらいしかしていないし、それが本当の休日じゃないですか。

休日までもプロデュースしなければいけない強迫観念を現代人は抱えているように思います。休みなのにロクなことしなかったな、ってがっかりするぐらいのほうが、人として健全だと思うんですよね。

全部を公開しないことのほうが、むしろ今ってすごい大事になってきている。人に紹介できない活動を何らかの形で持っているのは、いいことです。自分が好きでやっていることを人に紹介しちゃうと、「今度一緒にやろうよ」と入り込まれてしまう危険性もあるから。入り込ませないテリトリーを持つことはとても大事です。

こんな話を聞いたことがあります。大阪の金融街では、独特のあいさつがあるそうです。金融マン同士が顔を合わせた時に、どこに行くんですかと聞かれたら「ちょっとそこまで」と答える。具体的な行き先を答えてしまうと、お客さんの取り合いにつながったりしてしまうから、そうならないための配慮なんだそうです。あえて濁すことが礼儀。素敵な文化だなぁと思いませんか?

Q

仕事くらいしか頑張ってこられなかった20代でした。30を過ぎてから、新しいことに挑戦したり、家庭を持ったりしたいと思い始めました。性格がかなり不器用で、何かに集中すると他のことに手がつかなくなりやすいです。両立が苦手です。

（女性／会社員／31歳／しし座）

頑張り方を見直してみて。「好き」が加わるとバランスが取れる

根本的なところで、「頑張るとは何か」ということからお話ししたいと思います。なぜ人が頑張るのか。その理由は、居場所を作るためではないかと僕は思っています。

物心ついたときから、残念ながら始まってしまう競争社会で、「これだけ頑張った」という事実は「あなたがそこにいていいよ」と居場所を作ってくれることがあります。そのために一生懸命自分の居場所を作ろうとするわけです。

特にしし座は「とにかく認められなきゃ」の気持ちが強い人たちです。干渉されたくないから、時にはちゃんと頭を下げて、誰よりも尽くして、下働きもする。周りから文句を言われない自分の立場を築くために、どこまでも人に貢献する人たちなんです。

でもその頑張り方はどこかで止めなきゃいけないときが来ます。居場所作りのためだけ、みんなから認めてもらうためだけに頑張って

いると、自分の心がどんどん消耗していきます。その頑張り方を続けると、「好き」という心がなくなってくるんですね。

「ご飯何食べたい？」とか「好きなブランドは？」とか聞かれたときに、答えられなくなってしまうことってありませんか？　それは、周りから認められるために自動更新のようにずっと頑張り続けてきた結果、心がかなり動かなくなってしまったときです。

違う媒体で「天職の見つけ方」についてコラムを書いたことがあるんですが、それには二つの条件があると思うんです。一つは「許せない」と思えること。例えば僕は、占い以外なら料理を仕事にしたいと思っていたときがあります。なぜなら、自分が作った料理に対してすごく厳しい目線で見るから。味つけを間違えたときとか次の日に引きずるぐらい悔しくて。これは仕事にできると思ったんです。でも厳しさだけだと、挫折をしたときにスランプに陥ります。もう一つ大切なのが「好き」という視点です。「包丁で野菜を切ってるだけで落ち着く」とか、100点が取れなくてもこれをしているだけで幸せ、と思えるとバランスが取れる。だから、「認めてもらうために頑張んなきゃ」というところから、ちょっと自分勝手になってみてください。

今後、理想が叶って、例えば幸せな家族を持ったとしても、自分が変わらず好きでいられる、行きたい場所や好きな時間が持てたら、逆にそこから自分にとって幸せなものたちが寄ってきます。

しし座は、自分の100点満点の基準を70点まで下げる覚悟ができたときに、本当の幸せがやってきます。

Q

昔から干渉されやすいことに悩んでいます。幼少期から今に至るまで、母から口うるさくされる以外に、他人からも干渉されることが少なくないです。人より要領が悪いといえばそれまでですが、やることをやっても必要以上に口出しされたりダメ出しされたり。何でも自由に決めて好きにやっている人が羨ましいです。

（女性／主婦／34歳／いて座）

助けられやすい人とも言える。週1回の「あぁ幸せ」を防御力に

　このご相談に関連して、人が持つ「防御力」についてお話ししたいと思います。

　世の中には、どうしても干渉されやすい人と、何も言われないで要領よく立ち回る人がいます。それを僕は「個性」ととらえたいです。個性は直せないもの。でもね、物事には表と裏があります。干渉されやすい人は、抜けとか隙があるということだから、裏返せば周りから助けられやすい人でもあるんです。何でこんなに干渉されるの、と思うときもあるけど、その分困ったときには「助け人」が現れる確率も高い。逆に一人で要領よくやる人は、困ったときに人に助けを頼むのが苦手になってしまったり。恋愛面でも、相手に勝ってしまおうとする面が出ることもあります。

　隙があるのもあなたらしさですが、干渉されすぎるとへこみますよね。そのときに必要なのが防御力です。人間の一番の防御力は「幸せであること」です。幸せは、豪華な家に住むことではありません。週に1回「あぁ幸せ」と言える楽しみを持っていれば幸せだし、それが防御力を高めてくれると僕は思っています。「あぁ幸せ」タイムがないと、人間関係や仕事、人からの評価が自分のすべてになってしまいます。そういうのから少し離れられる時間が「あぁ幸せ」タイム。幸せを感じるにはある程度体力も必要です。体力があれば休みの日にゲームをしよう、おいしいものを食べに行こう、って回復できる。不調のその下の不調みたいなところまで落ちてしまうと、幸せを感じる気持ちまでなくなりがち。体力の回復はぜひみなさんに取り組んでほしいです。コツとしては本当にしみじみと「あぁ、幸せだな」とつぶやくこと。コーヒーを飲むのも、おいしいお菓子を食べるのも、そこをただの流れ作業にするんじゃなくて、幸せをしみじみ味わう時間にしてみて。

いて座は、コミュニケーションで主導権を握られるのが嫌な人たちです。干渉されたり口出しされたりも嫌う。そういうときは、カドが立たない程度に「どうして今そういう指摘をしたの？」と質問を返していくほうがいいです。例えばお母さんが口うるさく「あなたもっと貯金しておいたほうがいいわよ」と言ってくる。そうしたら、「どうして貯金しておいたほうがいいの？」ってちゃんと聞く。「そんなの当たり前じゃない」と言われたら「わかった。でもそういう言い方されるとすごく私は傷つくしダメージを負うから、そういう言い方はやめてほしい」って。バカバカしいようでも、言われっぱなしにならず、海外の人とコミュニケーションする感覚で一つひとつ質問返しをしていきましょう。

Q

封建的な家庭に育ちました。母は専業主婦。父は思い通りにならないと怒鳴り、母へも横暴。自分は経済的に自立すると決め、仕事を続けてきました。定年まであと数年の今、これでよかったのかなと思います。もっと自分らしく、好きなことが仕事なら……。中学生は時に残酷で、女の先生の前では反抗的だったり、つらい思いをたくさんしてきました。

（女性／中学校教諭／56歳／おとめ座）

「自分に対する供養」が必要です。「よくやってくれたね」と言ってあげて

世の中で大変な職業はいろいろありますが、中学校の先生はかなりハードなご職業だと思います。中学生って子どもから大人に変わるとき。かなり多感になるし、大人に対して戦いを挑んでくる時期だと思うんです。すごく意地悪なことを言ったり、大人を本気で凹ませにきたりしますから。それは大人になるための命がけの儀式のようなものだと僕なんかは感じます。

本当にこれでよかったのか。このご相談に対する、一つのキーワードが「自分らしさ」だと思います。今の時代、自分らしくあることが声高に言われます。でも僕の勝手な考えでは、自分らしさって味で言うと甘さではない気がするんですね。「苦さ」「すっぱさ」だと思うんです。「これは私しかやる人間がいなかったからやってるんだよね」「やりたくてやってるわけじゃないんだけど、喜んでくれる人もいるし」。そんなふうに言える苦さ

やすっぱさを人生のどこかで背負ってきた人は、魅力的です。

でもやっぱり背負いすぎるとつぶれていってしまう。これでよかったのかな、と思ったときに必要になるのが「自分に対する供養」です。例えば自分が毎朝通勤する道に、自分の後ろ姿を思い浮かべて、黙って手を合わせる。「よくやってくれたね」「ありがとう、お疲れ様でした」って自分に対して祈りを捧げる。すると苦みが和らいできます。

あなたが自立してこれまでやってきたことは、専業主婦だったお母さんができなかったこと。お母さんの能力をあなたが証明したことにもなります。自分の大切な人ができなかったことを、自分の人生をほんの少し犠牲にして、代わりに証明していく。身近な人の因果を背負っている人は、幸せになれる人です。

自分のやりたいことをサクサク決めてやっていくというよりも、誰かの思いを受け継ぐことが多いのがおとめ座の人生。初めて給料をもらったときとか、勤続10年でちょっと高いお店でご飯を食べるときに、おとめ座は「あの先輩と一緒に来たかったなぁ」と感慨にふけることがあります。誰かが果たせなかった思いを代わりに果たしていく。そういう役割を大切にします。

今、自分への供養は誰にとっても必要な気がします。人との距離感がどうしても出てしまう時期だから。一年を振り返って、自分の頑張っている姿をよく思い出して、自分に対して手を合わせてあげる。「本当によくやってくれたね」と、普段なら人が言ってくれることを、自分で自分に対して言っていきましょう。

Q

他人からの影響を受けすぎて、その人の悩みや基準を自分にも当てはめてしまいます。愚痴を聞いたら、私もそんなふうに思わなきゃいけない気になったり。子育ても周りと比べてしまいます。批判を受けないように、としか考えられません。他人の基準で生きてしまい生きづらいです。

（女性／子育て中の主婦／35歳／みずがめ座）

愛にのみ込まれるみずがめ座。定期的に人から離れる時間を持って

　みずがめ座について、僕が大好きなところでもあるし、最大の疑問でもあるんですけど、みずがめ座って「なぜこうも愛に弱いのか」という面があるんですよね。みずがめ座はこだわりも強いし、普段はどちらかというと取り扱いが難しい人。これは愛情を込めて言うんですが、超面倒くさい人たちなんです（笑）。こだわりがあるからこそ、クリエイティビティーはすごくて、面白いものを作っていける人なんだけど、恋愛した途端に相手の話ばかり聞いちゃう、みたいなことが起きるんですね。愛にのみ込まれるというか。普段はすごく冷静で物事を客観視できるのに、身内や恋愛相手などの人間関係に対して、距離感が全くつかめなくなる窮地を迎える、そういうことが人生で何度かあります。だから生きづらいというのもよくわかります。

　この人の要求を叶えてあげなきゃという思いが強くて、ブラック企業の上司と部下みた

いな感じ。「お前もこれ好きだよな」って言われたら「はい大好きです」って、好きになる努力をしようとする。

もしかしたら、こだわりを強く持ちすぎたがゆえに周りに迷惑をかけてきた罪悪感があるのかもしれません。だから「この人の前では私は自分の自我を出さないようにしよう」って、愛する人には全部譲り渡してしまう。尊敬する人と一体化しようとします。誰かの思いを100%受け入れようとする感じがあって。

それは、心掛けとしては素晴らしいかもしれないけど、関係性としてはやっぱりバランスが悪くなってしまう。100%誰かの領域の中に入って生きることは、その瞬間は素晴らしいんだけど、お互いが最終的に不幸になってしまう。

だから、義務としてみずがめ座は、定期的に人から離れる時間を持ったほうがいいです。僕も占いをやっていると、相手の考え方がうつってくることがあるんですね。共感覚を持たないといけない仕事でもあるので。そういうとき、これはテクニックとして習ったんですが、占いが終わった後に自分の手足を確認するようにしています。「この小指は私の小指」って。薬指、中指、人さし指、親指を一本一本確認します。それが自分に帰る儀式。じゃないと1週間ぐらいその人の悩みを引きずってしまうんですね。

あと、なぜかみずがめ座は異様にハワイに惹かれる人が多いです。僕にはよくわからないんだけど、救われるところがあるみたい。騙されたと思って、コロナが明けたらぜひハワイに行ってみて。

Q

会社で事務をしています。同じ作業もありますが、臨機応変に対応したり、スケジュールを立てて進める仕事があります。心配性で、戸締まりやガスの確認などでも強迫観念があり、いつも不安です。自分が使っていないところも確認するほどです。そういう自分を認めたいですが、生活に支障が出ています。

（女性／会社員／31歳／いて座）

強迫観念から離れる日を持って。携帯も持たずに散歩してみるといい

僕は決して優秀コースで生きてきた人間ではないんですが、大人になってからいわゆる「優秀な人」と会って気づいたことがあります。それは、受験や仕事で競争に勝つことは、どこか強迫観念的にならないとできないゲームだということ。例えば受験勉強で80点から90点に点数を伸ばすときには、やっぱり見落としがあったらいけないし、答えられない問題もこう答えておけば1点もらえるとか、そういう工夫に目を光らせる必要もあります。他人のちょっとした動作から悪意を見抜くとか、先進国の競争社会においては、強迫観念的なものを持っている人のほうが結果を残しやすいんですよね。

タレントさんや芸能人の方でも多いです。一発勝負というか、一つの大事なシーンに全集中できるように、それ以外の日常生活で気がかりを残したくない、という意味で強迫観念的な人が多いように思います。ガスの元栓閉

戸締まり、ガス。確認の強迫観念

めたかなって心配しながら、勝負どころで100%のパフォーマンスは発揮できないから。

強迫観念は時として悪いものじゃなくて優秀さと引き換えにあるものなんだけど、でもその強迫観念を持ちつつ、ずっと活躍し続けるって、超人にしかできないことです。強靱な精神力と肉体を持って、自分に休みなく課し続けるっていうのは、常人にはできません。神経も消耗します。

オススメしたいのは、ルールとして「強迫観念から離れる日」を持つことです。例えば「携帯とか何も持たずにあそこまで散歩して帰ってくる」と決めて、やってみる。持ち物を持たないと結構びくびくするし、はじめはリラックスできないかもしれないけど、それでもいいんです。だんだん和らいでいくと思います。

いて座の特徴としても、強迫観念的なものを持ちやすいです。「今日一日は何のためにあるのか?」を自問しながら生きているような人たちだから。ある種潔癖なところがあって、自分の理想のために常に努力し続けないと人は後退してしまう、そういう価値観を持っている人も多いです。

戸締まりや確認に強迫観念があるなら、家にぬいぐるみを1個置いて、その子を友達だと思ってみるのもいいと思います。その子がぬくぬく安全に暮らせるように、手助けとして戸締まりをしてあげる。そうすると自分の中でギスギスやピリピリしていたことがちょっと和らぎます。私が戸締まりさえすればこの子が安全に留守番していてくれるっていう感覚。自分のミスを全部自分に向けて、許せなくなってしまわないためにも。

Q

在宅勤務になってリビングで仕事をしています。新たに買ったプリンターが大きくて邪魔だったり、資料やプリントが散乱したりして、憩いの場がどんどん仕事に侵食されていきます。観葉植物を買ってみても、毎回枯らしてしまいます。理想の素敵な暮らしになかなか到達しません。

（女性／フリーランス／44歳／おひつじ座）

ミニチュアを作るみたいな感覚で、自己満足の空間を作ってみて

僕もそうなんです。植物は枯らしてしまう。相性があるのかもしれません。水やりとかもおそらく下手だと自分で思います。やっぱり枯らすと悲しいですもんね。生き物だから。せっかく来てくれたのに、って。だから割り切って、気持ちを変えたいときは切り花を買うようにしています。

さて、ご相談いただいた「理想の暮らし」について考えてみたいと思います。

今はリモートワークの方も多くて、生活環境の中に「職場」が持ち込まれている状況。ワーキングスペースは戦闘モードになれる場所であるべきだし、生活空間はできるだけリラックスできるほうがいい。物理的に仕切りなどで区切りをつけることが必要です。

きれいな部屋を作ったり、料理をレシピ通りに作ったりするって、できる人とできない人がいる気がします。できる人はいわゆる空間設計能力が高い人。

クリエイティブでアレンジ能力が高い人は、逆に自分流のアレンジを加えてしまってバランスを崩すことも多い。そういう人は誰かと一緒に理想の空間作りをするのがいいです。お友達に来てもらうとか、写真を見せて「ここに何を置いたほうがいいよ」って設計してもらう。そのほうが理想に近づく気がします。

まずは一角だけ与えてもらって、そこを自分の好きな場所にしてみるのもいいと思います。子ども時代に作りたかった理想の部屋を実現してみるとか。いきなり人目を気にしたオシャレな部屋を目指すと、実は作り上げたときに満足できないかもしれない。ミニチュアを作るみたいな感覚で、自己満足の空間を作ると、それが養分になると思います。僕は「どうぶつの森」で理想の部屋を作って結構満たされたところがあります（笑）。そのあとで、いよいよ本格的にお部屋全体の設計に移っていきましょう。

おひつじ座に関していうと、他人からかっこいいと言われることが一つのエネルギー源になる人たちです。非公開の自分だけの部屋だとすごくお洒落になるんだけど、人に公開する仕様にするとブレてきてしまうときがある。おひつじ座が落ち着く環境で大事なのが、「非日常感」。ぐっと戦闘モードを上げていろんなことを短期間で解決していく人が多いから、自然物じゃない空間でアドレナリンがすごく上がる感覚があります。幾何学とかテクノっぽいもの、色だったらピンクとか、ケミカルなちょっと不健康な感じがするものに囲まれると、落ち着けるかも。スター・ウォーズのフィギュアとか好きな人も多いですよね。

Q

双子の出産を控えています。産後2カ月で保育園に預け、仕事復帰を希望しています。保育園の内定結果もまだわからない状況ですが、入園と仕事復帰ができないことが想像できません。ままならない世の中とわかっていても、自分の都合のいいように妄想するのは浅はかでしょうか。

（女性／会社員／25歳／うお座）

孤軍奮闘は大変。現状を理解してくれる人を味方につけて

　最初に僕からお伝えしたいアドバイスは、「現状を理解してくれる人を味方につけてください」ということです。というのは、あなたがすでに戦いの中にいて頑張っている状況が伝わってきたから。

　もしかしたら、「焦りすぎだよ」「もうちょっとゆっくりやればいいんだよ」など、あなたとは温度感の違う人が身近にいて、ちょっとした絶望を感じていらっしゃるのではないでしょうか。

　現実感が違う人、わかってくれない人と日々接触していると、やっぱりあなた自身が傷ついていきます。孤軍奮闘というか、自分一人で、理解をされない状況の中で戦い続けるのは大変なことです。

　保育園探しの大変さをわかっている先輩や、SNSでそういう経験を発信している人など、もし身近で友達になれそうな人がいたら、そこで共同戦線を張るのもいいです。現状を理

解してくれる人を味方につけないと、あなたが傷つき続けてしまいます。

「自分の都合のよいように妄想するのは浅はかか」という言葉に対して思ったのは、人には「望んだイメージを叶える」のがうまい人とそうではない人がいる、ということです。僕はそれを「イメージの着地能力」と呼んでいます。

僕が見てきた着地能力が低い人は、自分にも他人にも厳しい人。反対に着地能力が高い人は、周りを巻き込むのがうまい人です。例えば「これが終わったらおいしいご飯が食べられるね」みたいに、にんじんをぶら下げて周囲を巻き込むのが得意なタイプ。

相手に「もっとちゃんとやってもらわなきゃ困る」と言いたくなるのはもっともなんですが、それをやると相手が現実逃避をしてしまいます。「もうこれしかない」と自分自身を追い詰めていくと、他人はさらに近寄りづらくなってしまう。そうなると悪循環になってしまいます。

なんか生ぬるいこと言ってるなぁと自分で思ってもいいから、共同戦線を張らなければいけない人に対しては、好きなものをリサーチして「これが終わったらおいしいケーキ食べられるね」とご褒美をぶら下げましょう。

うお座は結構「抱え込み力」がすごくて、すべて一人でやるか、甘えまくるかのどちらかなんですよね。今の自分の1・5歩から2歩先のイメージを常にして、理想のイメージ像を自分を動かす原動力にしています。反対されると落ち込むから、なかなか人に相談できない。それを理解して、「否定されるかも」という心構えを常に持っておくと、生きやすくなると思います。

Q

なりたい大人になれなかった自分を受け入れるためのアドバイスをお願いしたいです。20代で最愛の人と結婚、職業は童話作家と夢を見ていた少女の頃の私。現実は、男なんかこりごりと結婚は諦め、童話作家の夢も叶わず。それで資格をとり、うんと年下の先輩たちの下で保育園勤務。完全に浮いて卑屈さばかり感じます。

（女性／保育士／38歳／さそり座）

理想の呪縛から離れるために、「型」をやめる練習をしてください

さそり座は自己評価が結構厳しい人たちなんです。そんなに卑下しなくてもと思うけれど、幸せは自己評価だし、周りから「いや、あなたはこういうところで恵まれているよ」と諭されても、余計に自分がみじめになってしまうことってありますよね。

ご相談の内容を読んで、「理想という呪縛」について考えさせられました。

理想って、全くかなわない状態だったらあきらめられるんだけど、一歩手前まで行っちゃった場合は一番きつい。言葉もかわさずに終わった初恋よりも、理想の人と2回デートしたけどお付き合いできなかった、という初恋のほうが地獄なんですよね。生涯引きずる傷になったりもする。片足を突っ込んでしまったからこそつらい、ってある気がします。こういう経験をした人は悪夢を見ることも多いです。例えば夢の中で理想の旅行先に行くんだけど、着陸する寸前にサイレンが鳴り出すとか、実はチケットが取れてなかったとか、そういう夢。

どうしたら理想の呪縛から離れられるか。ちょっとずつでも新しい理想を作っていくために、階段を下りていく必要があります。そのためには「型」をやめる練習をしなければいけないと思うんです。

例えば、まだ旅行はしにくい状況だけど、旅行できるときがきたら、写真を撮らない旅をしてみてください。

理想に縛られすぎてしまう人は、どこか「型」に対してのまじめさを持っています。旅に行ったら、ご飯は豪華なものが並んで、景色もきれいで、電車も快適で、それを全部写真に収めないといけないみたいな。全部が80点取れないと満足してはいけない、そういう呪縛がありませんか？

でも、60点の状態を「そこまで悪くないな。ま、こんなもんだよな」と思えたときにこそ、80点が近づいてくるのだと思います。

例えば、どうしても理想の部屋が見つからないときは60点の部屋に住んじゃったほうがいい。そうすると、60点のこの部分はいいけどこの部分がダメ、というのが見えてくるはずです。メリットやデメリットが現実の経験値として積める。理想のハードルが高いと、経験値としてゼロのままになってしまう恐れがあります。就職先でも、理想の会社に入れなかったときに、ゼロのままいるよりはどこかに入って経験値を上げるほうがいいのと、同じことです。

あと、悪夢を見たときは、夢を記録してみてください。悪夢の威力がマイルドになるし、距離をとって見られるようになります。

Q

私はカレンダーや時計を見るのが苦手で、約束をよく忘れたり、間違えたりしてしまいます。悪気はないのですが、すっぽかした後に他人は許してくれても、いつまでもくよくよしてしまいます。くよくよせずにいたいのですが、人との約束を守れなかった自分がいつも許し難くしんどいです。

（女性／事務職／32歳／かに座）

あなたは悪くありません。健康と幸せのため、会う人は選別してもいい

大きな声ではあんまり言えないのですが、これ、あなたは悪くありません。

本当に不思議なことに、人間は嫌いな相手や相性の悪い相手の用事をすっぽかすようにできていると思うんです。すっぽかしが月1ぐらいで起きてしまっている時って、割と人間関係とか、「これから関わっていく人」を整理した方がよかったりします。というのは、明らかに「会いたくない。削られる」という人が入っているはずだから。

すっぽかしが起きたときは、2、3年単位で何とかしようという「対策本部」を立てるのがいいですね。その人との間柄を考え直すための対策本部です。

僕の統計上ですが、対人関係の緊張感の高い人はかなり物忘れが激しいです。対人関係の緊張感、つまり人と会うことによる消耗度は、ほとんど生まれつきの性格とかセンスみたいなもの。食べ物のアレルギーみたいと言ってもいいかもしれません。

例えば卵アレルギーの人に、無理に卵を食べろとは言わないし、食べられないことを誰も責めませんよね。僕は人が持っている短所についても、例えば対人関係で緊張感が高い人は半分アレルギーだと思ってもいいんじゃないかなと思っていて。無理をすると自分がすごくダメージを負ってしまう。アレルギーなら、自分が健康で末永く幸せに生きていくために、会う人をやっぱり選別しなきゃいけない気がするんですね。

その人とのLINEのやり取りが終わった後に「はー、終わった」とほっと一息つくような相手は、できるだけ減らしていったほうがいいです。そうじゃないとアラートが鳴り続けるというか、気を使わなくていい相手とのやり取りまで疲れてしまうから。相手とうち解けなくていい、業務対応だと割り切ると少し楽になれます。

かに座は、自分が思ったことや勘づいたことを心の内側に溜めておくことが難しい人です。変な感情も含めて、自分の中に異物が入ったときにちゃんと吐き出したほうがいい。「あの人ちょっとひどいよね」みたいな感情も吐き出していかないと、体が動かなくなってしまうんですね。カニのように水辺に住んでいる人たちだから、水辺が汚染されて身動きができなくなると、弱っていってしまいます。

愚痴を言える相手がいればそれでもいいですが、神社やお寺に行って手を合わせて、こういう仕打ちをされたとか、そういうことを報告して吐き出す時間を持つのもいいと思います。

Q

生きるエネルギーが湧いてこないことが悩みです。最近、さまざまなことをあきらめ始めています。「友達少ないけど、仕方がない」「理不尽だけどどうにもならない」。エネルギーが常に流れ出ていっている感覚です。求職活動もうまくいっていません。踏んばるためのエネルギーを生み出したいです。

（女性／主婦／34歳／しし座）

年齢の境目に「幸せの空白地帯」。意欲はくだらないことから湧いてくる

人生の中で、意欲がどうしても湧いてこないときってありますよね。そして多くの人が今、同じ悩みを大なり小なり抱えているのではないかと感じます。この状況ですごくやる気に満ち溢れている人は少ないと思う。

こういうときにやらないほうがいいことがあります。それは「先を決める」こと。セリフにすると「〜〜をしなきゃ」とか「もっと頑張らなくちゃ」。「時間があるから英語の勉強しなきゃ」とかは、意欲が伴っていないとできません。意欲が湧いてこないときは、例えると心が隅っこで体育座りしてると思ってほしいんです。何を言っても心が閉じてしまっている、傷ついている状態です。

そういう自分自身に対してかけてあげてほしい言葉が「いろいろやってきたね、ありがとう」です。体育座りしている子にムチを打っても、絶対立ち上がりません。心が閉じている状態だから。「いろいろやってきたね」

エネルギー、どこへ

と声をかけても、初日は「いや、全然何もやってきてないです」って返されると思う。でも植物と一緒で毎日水をあげ続けると、だんだんほぐれてきて、「そういえばここ頑張ったな」とエピソードを思い出せるようになるはずです。

もう一つ、年齢の境目にいることが意欲の湧かない原因の場合があります。30代はまさにそうかもしれません。

年齢の境目では、頭が求める幸せと体の求める幸せにギャップが生じがちです。例えば体は薄味の煮物を欲しているのに、頭では「焼き肉を猛烈に食いまくる自分が幸せなはずだ」とひと昔前の幸せのイメージを強く持っている。何が幸せなのかわからない、「幸せの空白地帯」が年齢の境目で生まれてしまうんです。

意欲はくだらないことから湧いてきます。「深夜にラーメンを食べたい」とか罪悪感を覚えるような意欲からかなえて、積み重ねていくのがいいと思います。

しし座は、世の中の理不尽とか自分の理想がかなわないときに「自分の甘えのせい」にしてしまう人が多い。それで倒れるまで頑張ってしまうしし座もいます。倒れた後に「まぁしょうがないか」と言えるようになったしし座は最強ですが、倒れる前に自然に触れることをオススメします。自然の偉大さに触れるとバランスが取れるようになるから。でないと自分をいじめるようなお酒の飲み方をしたり、他人に対して意地悪になったりします。本気を出すまで追い詰めてしまう。追い詰めるエネルギーは、人でなく自然にぶつけましょう。

Q

とあるコミュニティーのリーダーをしています。対面相談が難しく、意見交換が主にLINE上になってしまい、自己主張の強い何人かの意見に振り回されて疲れています。だんだん攻撃を受けていると思うようにもなり、精神状態もよくありません。まとめる者として一番大切なことは何でしょうか。

（女性／サービス業／52歳／おひつじ座）

「撤退戦の見極め」を意識する。その決断はリーダーにしかできない

LINEは難しいですよね。LINEって、競技が同じ人だけがやりとり可能なものだと僕は思ってるんです。ものすごい量のメッセージを送っても気にならない人もいるし、1件でも通知が来ていると気になってしょうがない人もいます。その二人が「一緒の競技のルール」としてやるのは無理があります。

グループやコミュニティー内で何かを決めなきゃいけないとき、とりわけ誰かが得をして誰かが損をする状況が発生する場合は、オフィシャルにしたほうがいいです。メールにするか議事録を取る。LINEはやっぱりオフィシャルなものではないというか、もう少し身内枠のコミュニケーションツール。今すぐやめるのは難しいかもしれないけど、オフィシャルなやりとりはLINEでできないようにするのが賢明だと思います。

まとめる人として一番大切なことは何か、というご質問ですが、物事が育てていける状態なのか、それとも撤退戦なのか、見極めが大事な気がします。植物と一緒で、ちょっと水をやり忘れたけど、栄養剤をあげて日に当ててあげたら十分回復する場合もあるし、もう根腐れしてしまって、それを取り除いたりしないといけない場合もあります。

残念ながら、ご相談いただいた状況はもう撤退戦に入っているようにお見受けしました。暴走してしまっている人がいるから。グループでも人間関係でも、仕切り直しのタイミングがいつかやってきます。「もうこれ一回やり直さない？」というタイミング。変にテコ入れしようとすると、逆にこんがらがってしまうから、しばらく様子を見て「いいかげんこれを続けるのはきついね」という共通認識が全員にできたときに、仕切り直しをしましょう。「ちょっと仕切り直ししませんか？」と誰かに言ってもらえるように仕込んでおいてもいいと思います。そのときに「LINEだとモメちゃうからやりとりはメールにしよう」とルールを決めましょう。

これは撤退戦だと決めることこそがリーダーの務めだと僕は思います。事業自体をなくして新しい事業を立ち上げるほうが組織として成長できる、その決断はリーダーにしかできない役割だから。

おひつじ座は、なかなかすぐには見切らない人たちです。面倒を見てフォローしてケアして、いよいよもうダメだなと思ったらグループから離れる選択をする。それは自分で恩を返し終えたと思ったとき。おひつじ座のみなさんにこそ、「撤退戦の見極め」は意識してみてほしいです。

Q

小さな職場で、狭い空間に受付3人横並びで仕事をしています。ほかの二人は常に上から目線で、すぐに自分の話にもっていくので、私は愛想笑いをしています。本当に疲れます。受付にくる来客の容姿にも差別的な発言ばかり。狭い職場で、話を無視もできず、ストレスがたまります。どう付き合えばよいでしょうか?

(女性/会社員/41歳/やぎ座)

熱中するものを作ってください。「忙しいんです」が悪口の自衛策

人間は、無自覚であったとしても、自分が持っている空気を他人に向けて感染させようとします。例えば自分の気持ちがザラついている人って、自分と一緒にいる人にもザラついていてほしいという気持ちになる。それで閉鎖的で小さなコミュニティーを作ろうとします。悪口はその最たるもの。いわれのない誹謗中傷とか、容姿のイジり、そういう聞く人がハッピーな気持ちになれない悪口。しかも結構しつこいんですよね、こういう人って。

自分の頭の中をグラフにしてみて、その人に対するストレスが円グラフの40パーセントを超えてきたら要注意です。そういう人のターゲットにされて、身動きが取れなくなってしまう。逃げられない環境でストレスがたまるような人間関係ができてしまったら、まだ動けるうちに他に熱中するものを作ってください。ストレスを10パーセント減らすイメージです。

例えばもうあの人が嫌だから家庭菜園にハマってみよう、でもいいと思います。初めは無理やりでも構わないからやっていくと、自然と10パーセント分ぐらいのバリアができます。人って、他にハマっている分野を持っている人はなぜか捕まえにくくなるんです。低俗な話題に対して、「あの人忙しそう」は結構バリアになってくれる。仕事が忙しくなくてもいいです、週末に何か熱中していることがあれば、それでいい。例えばめちゃくちゃゲームに熱中してる人に対して、人の悪口を「この人に言ってもしょうがないな」っていう感じがしませんか？　それって結構大事なバリア。「私忙しいんです」という活動を無理にでも持つことが自衛策になります。

これは新社会人の方にもお伝えしたいのですが、少し世知辛いのですが大人のスキルとして「初めの段階でそこまで心を開かなくてもいい」ということをお伝えしたいです。仲良くなるときは自然と仲良くなるから、初対面の相手に対して愛想笑いでいきなり距離を縮める必要はありません。相手に緊張感を持たせておくことが、あなたの身を守ってくれます。

やぎ座は追究心がとても強い人だから、何でこんなことするんだろう？という人の振舞いに対しても興味を持ってハマってしまう可能性があります。「この人悪い人じゃないんだけどな」というワンクッションはいりません。心の中でいいのでしっかり決別宣言をするのがいい気がします。「絶対この人たちと5年後までは一緒にいない」と宣言を。

Q

難航した転職活動を終え、4月から働けることになりました。仕事と生活のバランスをとるために、私生活でも今後の人生に繋がる何かを始めたいと思っていますが、人に交じるのが億劫になっています。いよいよ社会とか人のために、とにかくでけえことしたいです。新しく始めることをどう見つけたらよいでしょうか。えいやと飛び込む勇気もほしいです。

（男性／春から社会人／27歳／うお座）

YouTubeで満足しないで。自分の体を使った経験値が大切

いま、人と会うことのリハビリ中みたいな人が多いと思います。僕も久々に人と会っておしゃべりをすることがあって、すごく楽しかったけど疲れました。他人と会ってリアクションするのは、結構エネルギーを使います。急激にペースを上げるのではなく徐々にやっていきたいですよね。

さて、本題です。何か新しい世界を開きたいと思う、そういうタイミングって年齢に関係なくあるもの。自分の世界を広げたいときに第一歩として何をするのがいいか。僕はその目的と手段を見定めるのがいいと思っています。

例えば「自分はとにかく人を笑顔にするのが好き」なら、一つの目的になります。そのための手段として、例えば週末にボランティアをするとか、仕事場以外で人と会う手段を見つけていく。結果としていろいろな頼まれごとをして、社会的にも自分の自信としても大きい存在になっていったりする。自分がや

ることが「でかいこと」になるかどうかは、運の要素もありますが、まずは自分の目的を設定するのが大事だと思います。何をしているときが一番癒やされるのか。すぐに結果に結びつけるんじゃなく、「とりあえずやってみよう」から始めてみてもいいと思うんです。

ただ、そこで気をつけたいのがＹｏｕＴｕｂｅの存在です。

僕もキャンプや釣りをしようと思っているんですが、そういうＹｏｕＴｕｂｅを見て満足してしまうことがある。まるで自分がやっているみたいな気分になれる素晴らしい動画が多いからこそ、途中で止めるようにしています。「続きは自分で」と自分に言い聞かせて。見過ぎて満足してしまうと「時間もないし行かなくていいかな」ってなってくる。それじゃダメなんです。

実際に火をおこさなければ火おこしの難しさはわかりません。いきなりメインディッシュが出てきちゃうのは、気楽なんだけど味気ない。摂取量に気をつけないと、頭だけが膨れていって体を使った経験値が増えていきません。

どの年齢になっても初心者の領域を持っておくこと、やったことがないことをやってみることは、自分を大きくしてくれる大事な要素です。

うお座は、ライブ会場を満員にするとか、その花道を歩くシーンに対してすごく血が騒ぐ人たち。それは素敵なことなのですが、弱点として周囲から「すごい」というリアクションが返ってこないとすぐやめてしまうことがあります。それはもったいないので、しばらくは無観客でやっていきましょう。周りではなく自分を喜ばせる目的で。

Q

年下くんのことが好きなのですが、告白できません。一緒にいて楽しいし楽なのですが、向こうがどう思ってるかは知りません。こっちに合わせて気を使われてるかもしれません。仲のいい先輩後輩の関係から進展したらラッキーですが、いまの関係が崩れるのは嫌です。出会った時に比べて肥えましたし、顔のシミやシワも気になります。

（女性／会社員／33歳／てんびん座）

他の人に対して自分の株を上げよう。人をほめることが年上の魅力

人の心をどう動かしていくか、いつも考えるんですが非常に難しいなと思います。恋愛関係だけじゃなくても、ある種の「好意」がお互いに芽生えたとき、瞬間沸騰みたいになることがあります。明日また会いたい、来週も会いたい、絶対今度ご飯行きましょう、って相手の予定を先押さえしたくなる。お互いに最大限に沸騰していれば問題ないのですが、ブームがちょっと冷めるときもあります。

１００℃だった状態から、どちらかが80℃、70℃ぐらいまで下がっている空気感のときに「来週空いてます？　いつ空いてます？」と前のめりになると相手が戸惑う可能性があるんです。そうすると「メールありがとうございます」みたいな「前置きから入る返信」が来て、また温度が下がって、悲しい状態になって。僕も覚えがあります。

温度が下がったことがなんとなくわかってしまった場合にどう対応したらいいか。相手に対して「また温度を上げていきましょうや！」と再沸騰を迫ると、空回りしてせっかくのご縁みたいなものが薄れてしまう。まずは放っておきましょう。縁がある人だったら、また燃え上がるときがきっときます。

これはみなさんにお伝えしたいんですが、人間社会は思ったより狭いです。何が言いたいかと言うと、自分が仲良くなる人は、自分が好きな人も仲良くなる可能性があるんですね。「気が合う連盟」みたいな感じで。それは結構狭い。だからその人を放っておいて、いやらしい話だけど他の人に対して自分の株を上げる活動を頑張りましょう。他の人経由で「あの人面白かったよ、いい人だったよ」みたいな話が耳に入ると、「そういえば最近連絡してなかったから連絡してみようかな」ということが起こります。

周りに年下の人たちが増えてきたときは、手柄を譲ったり、人をほめたりすることが年上としての魅力に繋がります。大人になると結果を出さない限りはほめられることが減ってしまうから、年上の役割として「あの時すごい頑張ってたね」「助かったよ」と言ってあげる。LINEとかでなく口頭がいいと思います。そうして周りを上げることで魅力が増してくるはず。

てんびん座は、自分の行動をすごくシミュレーションする人たちです。メールの文面も何パターンか用意したりもします。特定の悩み事に関して原因を追及してずっと取り組み続けてもうまくいかないときは、一旦そこから席を外す、タイミングをずらすことで、事態が好転してくることがありますよ。

Q

芸能人の方に恋をしています。現実世界で会ったわけではなくテレビの中と外で好きになってしまいました。普通じゃないと思うのですが、それでも好きで。何が本当の好きで何が違うかがわからなくて、この恋はできればしたくなかったなと思っています。答えがほしかったわけではなく誰かに聞いてほしくて送りました。

（女性／デザイナー／24歳／てんびん座）

「強さ」に圧倒された状態。特別な自分になるために必要な存在です

こういうお便りはすごく嬉しいです。この相談室は、答えや解決を求めていない話でも「こういうことがあったんですよ」と話を聞かせてもらう場所でもありたいと思っています。

人を好きになる気持ちって、いろんなバリエーションがあると思います。芸能人の人を好きになるというのはどういうことなのか。僕なりに考えてみました。それは、何かの「強さ」に圧倒された状態に入ったということなのかなと思いました。先日タクシーに乗っていてたまたま外を見たら、おそらく女優の方がマンションのエントランスから出てくるところで。一瞬時間が止まったような気がしました。その一角だけが絵画みたいで、オーラと言うか、やっぱりただものじゃない。圧倒される何かがありました。

通常、誰かを好きになるときに多いパターンとして、「この人は私の理解者になってく

れるかもしれない」、またはその逆パターンで「私だったらこの人の理解者になれるかもしれない」という気持ちが「好き」の王道パターンだと思うんです。でも自分が圧倒される存在に対しては、ちょっと違う気がします。ただ崇拝していたい、せめて見守らせていただきたい、みたいな。「この人がいるから強くなれる」という気持ちもあるかもしれません。

「この人は私にとって本当に特別な人だ」という存在、圧倒される存在は、僕は自分が「特別な自分」になっていくときに、必要な存在なんじゃないかと思うんです。例えば10代の頃に同じ音楽を何度も聞いたり、録画した芸能人を何度も見たり、それは「強さを分けてもらっている」のかもしれません。僕は10代のときにおぎやはぎの小木さんに圧倒されたことがあって。毎週小木さんのビデオを見ていた時期があったんですよね。あの屈しない強さというか、世の中のおかしいことにストレートに切り込んでいくみたいな強さに圧倒されて。絶対自分にはできないことだったので、憧れを持っていました。何とかしてその強さを自分に吸収したいみたいな気持ちというか。

てんびん座は孤独性みたいなものが強い人。「私は私でしかないんだ」という境地にいる人たちです。そして人まねができない自分に対して、ちょっと寂しさも持っている。強い自分の美学があるからこそ、自分の流儀を持っている人に対して引かれます。てんびん座がある人に強烈に引かれるのは、もしかしたら自分の殻を壊すために必要なステップかもしれません。

隣町まで自転車を
漕いでいったら
世界は変わるんじゃないか

おわりに

感覚的な話になるのですが、一年のうちで夏と冬、どちらが「自分は変われる」と思えるか。それは多分、夏の方にあるんじゃないかと思います。

もちろん、春も秋も、そして、冬も、自分を変えていくことができるけど、一年の中で6月になり、7月、そして8月を迎えると「どこか行きたい！」という言葉が多く出るようになるでしょう。夏って、ジメジメしていて、暑くて、夏バテ気味になり、食欲もなくなります。夜になっても気温が下がらず、「何か食べなきゃな」と明日以降の体力を考え、一生懸命、ご飯のメニューを考える。夏は、自分のすぐそばに「不快感」を感じることができきる。だからこそ、夏という季節に飛び出る「どこか行きたい！」は、はじめに感じる面倒くささから一歩を踏み出すと、驚くほど爽快に、ガラッと世界を変えていくこともできる。「不快はあるけど、身軽でいられる。一歩踏み出せば、自分を変えていくことができる」。それが夏であり、冬の場合だと「春が来たら考えよう」と、着こんだり、こもったりする方で物事を考えていってしまうから。「来年に賭けよう」とかこたつに入って考えたいですし。

２０２０年からの世の中の流れの中で封印しなければいけなくなったものはたくさんあるけれど、その中でも実は大きかった封印物のひとつに、「どこか行きたい！」があるんじゃないか。汗はかいているけど、おなかは空いているけど、「あの山を越えたら何かがあるんじゃないか」。そういう、不快感を吹き飛ばした後にある、楽園を想像すること。「ここで出掛けたら、私の世界は変わるんじゃないか」。全部、根拠のない変化への空想です。でも、その空想って、とても大切なものだったんじゃないか。

おわりに

髪色を変えたら、普段のノートや携帯電話のケースを変えたら、勇気を出して挨拶をしてみたら、隣町まで自転車を漕いでいったら、自分の世界は変わるんじゃないか。そういう、根拠のない変化への展望を抱かせてくれるのが夏という季節の特別性なのです。結果は出る時には出てしまうものだけど、気づけば自分自身もいつの間にか変化してしまっているものだけど、いつもの夏を変えようと思い立って、「これをしてみたら」とか「どこか行きたい！」という想いは、やはりとても尊いものであったはずなのです。

ここまでやっぱりすごく長かったです。でも、ようやくだけど、「ずっと重い扉が開くのを待っていなければいけない」という時間は次に移ってきて、少しずつ、また「自分たちのやってみたいこと」を思い描ける世界に戻っていける予感が出てきている。

「これから何をしていかなければいけないのか」。それを真剣に考えることも大事かもしれません。でも、我々はまず、「何かが変わる予感のしていた夏」を取り戻していくことが大事なんじゃないでしょうか。セミが鳴きやむのをもうちょっと待ってもらって、家族や友達に内緒で買った線香花火を忍ばせて、乗っていなかった自転車にも乗ってみて。今ある景色の向こうへ。

「あー、どっか行きたい」

例年、なんの効力もない、ただの暇つぶしで、現実逃避だと思われていたこの言葉は、実は、「そこにしかない思い出」を作っていく大事なものであることを知りました。

だから、皆さん、夏が過ぎてもぜひ言い続けてみてください。「あー、どっか行きたい」と。

最後に、ＡＥＲＡに相談文を送ってくださった方々、誌面やＷｅｂで連載を読んでくださっていた方々、そして、今回この本を読んでくださった方々。その人たちのひとりひとりの背景に、それぞれの毎日があって、封印してきた夏休みがあって、そして、しょっぱい思い出や、そこでしか味わえなかった特別な瞬間や、工夫して作った小さな楽しい思い出があったのかもしれません。そういうことを想像しながら本書についても手掛けて、とても幸せです。毎週の相談の時間や、この本を読む時間の中で、色々な感情や気持ちを皆さんと共有できてとても嬉しいです。ありがとうございます。

また、作っていきましょう。休む時は休んで、力が出ない時はさぼって、真面目になるふりもしてみて、そして、自分たちの季節をまた取り戻していきましょう。僕も、「Ｔｈｅ・夏」みたいな曲を探して、それを聞きながら外へ出ていきたいです。最後まで読んで頂きありがとうございました。

２０２１年、夏の入り口の季節に。「どこか行きたい」とつぶやきながら。

しいたけ．

しいたけ.

占い師、作家。早稲田大学大学院政治学研究科修了。2014年から「VOGUE GIRL」で週刊・上半期・下半期の「しいたけ占い」を連載中。近著に『しいたけ.の小さな開運BOOK』『しいたけ.の12星座占い 過去から読むあなたの運勢』など
https://shiitakeofficial.com

装丁・本文デザイン　フロッグキングスタジオ
（福島源之助／森田 直／佐藤桜弥子）
イラスト　あーちん
編集・構成　高橋有紀（AERA編集部）
校閲　朝日新聞総合サービス出版校閲部　真船 靖

みんなのしいたけ.相談室

2021年9月30日　第1刷発行

著　者　しいたけ.
発行者　尾木和晴
発行所　朝日新聞出版
〒104-8011　東京都中央区築地5-3-2
電話　03-5541-8627（AERA編集部）
03-5540-7793（販売）
印刷製本　凸版印刷株式会社

Published in Japan by Asahi Shimbun Publications Inc.
ISBN 978-4-02-331962-2

定価はカバーに表示してあります。
落丁・乱丁の場合は弊社業務部（電話03-5540-7800）へご連絡ください。
送料弊社負担にてお取り替えいたします。

※本書は、AERA連載「午後３時のしいたけ.相談室」（2019年4月8日号から21年5月17日号まで）から抜粋した記事を一部修正したものに、書きおろし記事を追加して構成しました。